U0096508

贏 在人生終點

鐘志明——著

選擇在職進修，
走一條風景不同的人生道路

自序

話說：「活到老，學到老。」也就是說學習並不單指一個時期，而是一段歷程。由於工作的關係，我經常要面對許多客戶，也經常聊起子女的教育議題，尤其是小孩不愛讀書怎麼辦？

我總覺得用「不喜歡讀書」這句話，來形容一個孩子並不公平。而且以學校考試成績不好，來斷定一個孩子不會讀書，其實本身就是一種謬誤，是一種負面的刻板印象，因為讀書從來就不只是用來應付考試。會不會讀書並不能只用考試的方式來評估，一旦離開校園，進入社會之後，你才會發現，能不能應用知識才是關鍵，老闆在乎的是你能為公司創造多少業績，而不是你期末考考試考幾分。

曾幾何時，手機取代了電腦、電視、收音機、書本、報紙、雜誌等等。看看孩子，想想自己，試問各位爸爸媽媽們，打從學校畢業之後，您一年買過幾本書？一年看過幾本書？閱讀是可以養成習慣的，想要養成習慣，動機就很重要，也就是必須先確認閱讀的目的是什麼？求學當然重要，但是閱讀的目的絕對不僅止於此。

我想以過來人的經驗，分享求學過程的心得，而這也是我撰寫這本書的主要目的。我在這本書中，提出許多個人讀書與思考的方式，希望能夠提供給還沒找到讀書樂趣的讀者們參考。在人生的旅程中，選擇不同的道路，就有不同的風景，當我們抵達目的地的那一刻，最難忘的還是旅途中的點點滴滴，不是嗎？

　　最後我想告訴天下的父母親們，孩子不是不愛讀書，也不是不會讀書，而是還無法理解或感受到讀書的樂趣。相信我，在職進修學制非常普及也非常方便，想要讀出高學歷，一點都不難，而且隨時都可以開始，幾歲都不嫌晚。

鐘志明

我的「在職」與「進修」歷程

學歷：國立高雄科技大學電子工程研究所企業管理組博士

現職：華泰銀行台中分行經理

教職：國立高雄科技大學企業管理系兼任助理教授

公益：鐘炳輝先生紀念獎學金管理人

信箱：cm1588@ms32.hinet.net

7059zcm@nkust.edu.tw

【學習歷程】

國小：高雄縣燕巢鄉鳳雄國小畢業

國中：高雄縣燕巢鄉燕巢國中畢業

高中：陸軍士官學校常備士官班40期畢業（比敘高中畢業）

專科：國立高雄工商專科學校二專夜間部企業管理科畢業

大學：國立高雄應用科技大學進修學院企業管理系畢業

研究所：國立高雄第一科技大學風險管理與保險研究所碩士在職專班畢業

國立高雄科技大學電子工程研究所企業管理組博士班畢業

【工作歷程】

台新銀行高雄分行工讀生（1995）、助理員（1996）

中華票券金融公司高雄分公司雇員（1997）

台新銀行七賢分行辦事員（1997）、領組（1998）

台新銀行南區企業金融中心資深領組（2000）

中華銀行前鎮分行二等襄理（2001）、一等襄理（2002）

中華銀行消費金融部南區作業中心副理（2003）、經理（2004）

中華銀行消費金融部副理（2005）

台灣中小企業銀行消費金融部副理（2005未報到）

中華銀行信用卡部經理（2005）

元大銀行金門分行經理（2008）

華泰銀行高雄分行帳務主管（2012）、作業主管（2013）、授信主管（2016）、高級專員（2018）

華泰銀行彰化分行經理（2017）

華泰銀行北高雄分行經理（2019）

華泰銀行台中分行經理（2019）

上半場

中　場

下半場

終章　人生下半場的反思

謹以此書獻給

我的祖母 鐘陳鶯 女士

我的母親 鐘瓊美 女士

我的岳母 洪善 女士

我的妻子 葉寶慧 女士

我的恩師 楊敏里 博士

我的恩師 李慶芳 博士

楔子

「望子成龍，望女成鳳」實乃人之常情，但是在中國科舉的思維框架下，「萬般皆下品，唯有讀書高」形成了社會的氛圍，加上社會上「尊大學，貶技職」意識的催化下，全國的「專科學校」一夕之間變身為「科技大學」，於是社會輿論對於此一轉變的批評與撻伐，接踵而至。筆者有幸躬逢其時，希望以親身的經歷，提供給普天下的父母親們，實際了解技職體系與職場的關聯性，也給莘莘學子們包含我的3個心肝寶貝，將來在面對人生抉擇難題時的參考。

筆者以自身求學與求職的經驗，在這一波「大學與科大之爭」的浪頭上，提出個人的經驗與看法，一來當作是對於自己身為當事者親身經歷的現身說法，二來當作是個人完成學業攻頂，取得工學博士學位的禮物。然而，本書並無法回答究竟是讀大學好？或是讀科技大學好？等等屬於個人選擇性的問題。

「早熟」是我見過許多在職生的「特質」，因為在職生的心目中，很多人都會告訴自己一件事：「未來掌握在我自己的手上。」至

少在我的同學之中，我所問過的人，答案都很接近，所以他（她）們很清楚知道，為什麼要努力工作認真讀書。「在平凡之中造就非凡」，跟那些黑心的貪官汙吏相較，我們其實都很不平凡，因為我們知足常樂，盡力幫助別人，心安理得過日子。

我的起點是白天在台新銀行高雄分行擔任工讀生（編制內；正式；有勞健保），晚上在高雄工商專科學校二專夜間部企管科就讀，求學與求職的過程，就是一步一腳印。從銀行的工讀生到總行的信用卡部經理，從學生角色到大學講師，從二專學歷到博士，以我的經驗來看，這種一邊工作一邊讀書的模式，確實可以培養出正向的態度與職場競爭力，因此，我想把這種經驗分享給大家。

最後，本書的出發點係透過作者本身的經歷、觀察與個人見解，均為主觀的意思表示，不代表在職生完美無缺，亦絕無貶低全職生之意，尚祈讀者明鑑。

爭名爭利爭風頭，不退不讓不罷休。
年逾半百方覺醒，我為人後人為我。

~～ 五十歲有感 ～～

上半場

基層員工的想法其實很單純，
只要不出錯就很偷笑了……

CH 01
半工半讀最划算

「因為學費來自於自己的血汗，讓我更加珍惜與用功，為了籌措學費，讓我更加努力與賣命的工作。」這句話是選擇技職體系在職進修的我。半工半讀的認知，以及對於工作與學業的總結。

一邊工作一邊讀書的「底層」：「工讀生」

退伍後，投入金融業的第一個工作，就是在台新銀行高雄分行擔任工讀生，承蒙當時的分行經理陳俊雄先生、副理盧良山先生、襄理黃金鐘先生，以及我的師父童宗傑先生的照顧與提拔，讓我的人生有了翻轉的機會。

工讀生是一個大家耳熟能詳的職稱，指的是尚未完成基礎學業（國中、高中或大學），而一邊工作一邊讀書的人。工讀生尚有專職與兼職之分，專職者採月薪計，穩定性高，兼職者則大多採時薪計，相對而言穩定性較低。隨然從事的

勞務有時不比正式員工少，卻往往受限於工讀生身分的限制，工資硬是矮人一截，因此，工讀生一職往往是低薪勞力的代名詞，而勞力遭到剝削的案例，在各行各業中更是時有所聞。

過去擔任工讀生的原因，大多是因為家境因素，沒有足夠的學費或是生活費用，因此，不得不提早進入職場賺取微薄的工資。而時下亦不乏全職生（非家境因素而打工者），晚上不是上網遊戲打通宵，就是到處打工兼差，好一點的白天在課堂上打瞌睡或是直接趴著睡，有的乾脆直接翹課在房間補眠，然後將辛苦賺來的錢，用來購買手機、遊戲點數或玩樂開銷，說是提早適應就業市場，其實是本末倒置，我個人認為這種型態，並不屬於本書所定義的「工讀生」。

進入學校的目的應是心無旁鶩地求取知識，這一點我覺得工讀生的心態會比較健全，因為對於工讀生而言，工作就是為了支付學費與生活費，因此，比較會把握上學的時間，這些人雖然成績未必頂尖，像我也從來沒有考過第一名，但是自己很清楚，自己每一個階段的學習目標，也就是求學的心態比較正向與積極。

工讀生的延伸：「在職進修」

　　廣義的「半工半讀」指的是「在職進修」，就是先有一份正職的工作（正式員工：指的是不論職位高低、薪資多寡，當然也包含編制內的工讀生），然後利用下班時間，至學校完成更高一級的學業，與時下年輕人所謂的「打工」，性質有所不同，心態上更是截然迥異。

　　「半工半讀」亦稱為「在職進修」，可以看做是自己積極主動地對於人生的投資，這個投資久而久之會讓你養成自力更生的習性與能力，而非每一學期消極被動地等待父母金錢上的資助。在職進修生的就讀動機，百分之百都是自動自發報考就讀，這一點與時下許多肩負著父母的期望而讀書的專職一般生完全不同。想要在職進修，首先必須要有良好的體力，因為白天要工作、晚上要上學，根本連睡覺的時間都不夠，遑論看電視、上網打遊戲；其次要很會規畫時間，在職進修者經常是利用假日完成作業與報告，哪來逛街購物看電影的時間，花費自然而然就節省了，更何況還要應付學費的負擔，連養成壞習慣的時間都不夠，哪來的時間結交壞朋友？無形之中也可以存下許多金錢。更重要的是，因為人生目標會在不同的階段中不斷地產生，為了達成每個階段的目

標，可以讓你可以每天都過得很充實，例如準備證照考試，考取一張之後就得開始準備下一張，不若一部分全職生對於人生與未來茫茫然，成天擔心出路、抱怨社會。

在職進修的經濟效益

在職進修，一方面可以在職場保持歷練，一方面在學校保持求學，是理論與實務結合的最佳組合狀態。而且在經濟上也能達到自給自足的地步，至於應該從什麼時候開始在職進修比較適合？我想應該是因人而異。

由於工商時代的高度發展，學校為配合社會所需，學制的調整也呈現高度的彈性，在職進修變得非常方便，就連職業軍人營外進修也大幅開放，大大地鼓舞了有心在職進修的莘莘學子們。從經濟學的眼光來看，在職進修的經濟效益還真不小，試想一天可以做兩件事情，是不是相當划算？既不會因求學而耽誤社會資歷，也不會因為早出社會而阻隔求學之路。舉例來說，在職生與一般生2人同時花費4年取得學士學位，在職生有形的經濟效益，若月薪以2.2萬元來計算，4年下來不含年終獎金，光是薪資就破百萬，而無形的經驗與資歷，產生的價值更是難以計算，相較於4年完全沒有收入與

社會歷練的一般生來說，在職生的經濟效益，確實是更勝一籌。

總之，我想跟大家分享在職進修這件事的經驗，就是透過持續的在職進修，真的可以縮短「學」與「用」之間的差距。進修者透過「學校」與「職場」兩個場域之間的來回，讓「理論」可以透過「實務」來印證，同時透過「實務」來深化「理論」，最後達到「實務結合理論」的目標。

我的體會是：「人人時間都一樣，切莫浪費好時光。」

CH 02
「學術」與「技術」的相處之道

　　其實鼓勵技職並非反對讀書，更非崇尚「讀書無用論」，試問若不讀書如何通過考試取得「專業證照」？也就是說，「專業」也是需要「證書」來證明，那麼沒有讀書要如何通過考試來取得證照呢？又試問哪一種考試沒有文字，就連考機車駕照都有筆試，再說沒有證照如何取得社會的認同？就如同沒有駕照卻駕車闖禍的下場。

理論與實務的迷思

　　有人說「技術」是東西做的出來，卻不知道為何做的出來。「學術」是知道東西怎麼做出來，實際上卻做不出來。長久以來，台灣的學術教育，向來以大學為主流，或許是受到中國傳統儒家根深蒂固的影響，父母都認為子女能要成才，就是要「認真讀書」。然而，不論你讀的是什麼知名學校，出了社會還是要找工作，一旦是進了職場，若無法滿足

職場的需求，那麼不論你是什麼名校，最終還是會被淘汰，也就是說會讀書不一定會作事。

話又說回來，那麼會作事的人就比較不會讀書嗎？我舉一個實際的例子，美樂美髮公司的總經理沈美利小姐，從不諱言自己是洗頭髮的小妹出身，如今坐擁年產值上億的美髮公司，同時還是國立高雄科技大學的博士生，誰說會作事就不會讀書。反觀國內待業中的博士，報載：

2019年7月22日工商時報【于國欽／台北報導】

行政院主計總處甫完成的統計指出，去年我國研究所學歷的勞參率首度跌破七成，降至68.97％的歷年最低，主因近五年（103～107）退出勞動市場的碩、博士級「非勞動力」大增12萬人，今年上半年仍續呈此一趨勢，顯示高學歷者的就業環境日趨嚴峻。

學術與技術是相輔相成的關係

技術與學術其實是相輔相成，透過不斷地查閱相關資料，補充自身之不足，再加上技術上的鑽研，最終轉化成為自己的內力，提升工藝技術的境界。我的老師蔡武德博士曾

說：「技術＋學術＝藝術。」我覺得這句話形容地非常的傳神也很貼切，對我的影響也很大，顯然理論與實務的結合是1加1大於2。也就是技術再怎麼高超，沒有透過學術的加持是很難更上一層樓，達到精湛的境界。

我的經驗是可以透「在職進修」，讓兩者的關係更加緊密。有人質疑在職進修者，許多是事業有成的大老闆，或許有人是有「錢」之後，想要弭補自己對於「名」的缺憾，亦或有人純粹是想要到校園中擴充人脈，這些存在的事實都不可否認，但是畢竟也都是合情合理，唯一不變的是這些人求學的態度是一致的，尤其是對於「尊師重道」這一件事特別看重。

學術與技術脫離不了人與人的相處

在職進修者在職場上，多半已具有工作經驗，對於人與人之間的相處之道，多多少少有一定程度的「體驗」，例如處理客戶的不悅時，對於現場氣氛的控制等等，多停留在「技術處理」的階段，就是僅依賴過去自己的經驗，或者是透過主管與同事的經驗、口頭傳授等等，或許老師沒有相關的處理經驗，可是卻可以透過學理的觀點，迅速地將問題給

條列化、程序化、甚至標準化。

　　依我的經驗，在職生學到這一套技術之後，很快就會「舉一反三」應用到職場上，然後如果沒有意外，很快地就會看到成效，這個成效就會反應到職場的「績效」，緊接著獎金、勉勵、升遷就會接踵而來，如此不斷地周而復始良性循環，這就是在職進修的迷人之處。

　　因此，當在職進修者嚐到這個甜頭之後，就會不斷地在職進修，透過這個良性循環的過程不斷精進自己。然而，有些主管擔心員工也發現這個祕密，就會使出一些下三濫的手段，百般阻饒底下的員工也去進修，像是利用下班之後開會，讓你上不了學，考試期間要求你加班，讓你趕不及考試等等，無非就是要讓你畢不了業，以免有一天取代他。

理論結合實務的可貴之處

　　我想提醒在職進修者，若是你的工作環境拒絕讓你在職進修，建議你盡早轉換跑道，因為此處絕對不宜久留。我也想藉此提醒這些對於在職進修不友善的主管與職場，員工自己花錢花時間，強化自己的本職學能，終究還是替組織賣命，試想今天您的員工夠強，強到可以取代您，您應該要高

興才對，因為如此您才會被推上更高的位置，不是嗎？更何況他還會感激您的提拔之恩。

　　總之，我的經驗證明，「學術」與「技術」是可以互相結合。當一個組織能夠提供在職進修者一個友善的環境，通常這個場域都會充滿正向能量，因為組職成員都會有很明確的目標，而且具備強烈的責任感。

　　「因為我下班後要去上學，所以我必須在上班時間內把事情做好。因為我上班時必須要做事，所以我要把握上學時間，把書讀好讀通。」

　　「書上寫的跟實際上的怎麼不一樣？原來是我沒有讀通理論真正的意涵。」

　　就像是我的指導教授李慶芳老師啟發我的一句話：「實務上這麼說，理論上那麼說，那志明說呢？」以上這種心態就是理論結合實務的可貴之處。

CH 03
激發出自己「不如人」的鬥志

　　想要能夠絕處逢生，就必須具備堅毅的求生意志與能力。而這些能力其實是可以由平常養成，例如參加證照考試，需要在工作之餘準備，利用休息時間、休假日甚至犧牲和家人相處的時間，花了那麼多精神，可不保證一次就順利通過，我還聽過同事說太太考一張初級外匯人員的證照，考了第6次才通過，我想一個沒有鬥志與毅力的人是不可能如此堅持。

嘗試虛構出一個「不如人」的假設

　　還記的剛進銀行擔任工讀生時，有一天早上，來了一個剛報到的新人，年紀大我2歲，報到通知單的職務欄上寫著「領組」兩個字。早期民營銀行的人員任用，多半依據學歷程度派任，通常專科畢業者會以「助理員」任用，大學畢業以「辦事員」任用，而研究所畢業則以「領組」任用，以一

般民營銀行3～5年升遷一個職等的慣例，屈指一算，我的起跑點起碼落後眼前這個新人至少10年。

我想才差2歲為何差這麼多？這種心服口不服的心態，一直藏在自己的心裡面。「不管有沒有本事，人家就是研究所畢業，領組啦，怎樣！」偶而聽見同事們在私下酸言酸語。雖然口頭上不服氣，其實大家自己心知肚明，自己就是不如人，人家經過那麼多的競爭與努力，讀完研究所取得碩士學位，那是人家的真本事。反觀自己，年少時不懂得讀書的重要，虛擲了無數的寶貴時光，如今也只能跟這些三姑六婆在這裡說三道四，一點作用也起不了。

「研究所有什麼了不起，我就從現在開始讀！」當時雖然我還在念夜二專，可是心裡面已經立定志向，不管再怎麼困難，將來一定要念研究所。這個志向也一路支撐著我念完研究所，繼續往博士班邁進。

鬥志往往出自於人生絕境

國學經典中孟子的名句：「生於憂患，死於安樂。」是大家耳熟能詳的句子，然而，在現實生活中真的派得上用場嗎？答案是確定的，俗語說：「寒門出孝子，國破識忠

臣。」越是艱困的環境，越能激發出人的潛力，鬥志就是其一。而這種不如人的假設情境，可以讓我們透過心態上的刺激，進而轉變成為一股引導自己向上的動力。例如，我的太太葉寶慧小姐，自小成長在窮苦的漁村，每天回家只能以小板凳當書桌，蹲在門口寫功課，她告訴我說：「從小就告訴自己，要認真讀書，才能脫離貧窮。」後來僅靠自己苦讀，果然如願考取大學。

　　每當我遇到困難無法突破時，像是翻開課本就想睡覺，或是習題解不開，寫報告沒有思緒等等，我會在心裡反問自己：「為什麼別人就可以？我就不行！」往往稍後片刻後，精神就來了，這種「不如人」的思維，影響我的求學過程與職場生涯很深。只要心中燃起這個念頭，接下來我就是開始一連串的追根究柢，釐清癥結找出問題點，然後想清楚怎麼做，緊接著開始埋頭苦幹地去執行，一次不成再是第二次、第三次……直到成功為止，當然也遇過不論怎麼試，都無法達成的工作，不過至少曾經努力過，也當作是經驗的累積，內化成自己往後處理相關事務的能力。

善用勵志的案例來點燃鬥志

　　職場上的能力也是必須被檢驗的，反觀人生不也是一連串考驗的過程？我喜歡將報紙上一些苦讀有成或是力爭上游的案例剪下來，然後將之黏貼成冊，加上一頁標題名為「天道酬勤」的封面，每當自己心有怠惰，或是讀書提不起勁的時候，便拿出來翻閱，細讀每個苦讀有成的故事，「看看別人、想想自己」，每每都能不斷地激起自己努力向上的鬥志。

　　過去我常常思考，自己與這些故事中主角的處境相比，自己明明就幸運很多，身強體壯，耳聰目明，家境小康無負債，為什麼就是無法激發出，自己向上的鬥志？隨著工作上經歷的人與事越多，這才逐漸的「懂事」，原來是「情境」所使然，這也就是時下父母，一邊責怪小孩花太多時間在「滑手機」，卻忘了智慧型手機就是自己買給小孩的。因此，後來我經過多次的實驗後發現，多閱讀這些成功的案例，可以讓你融入故事的情境之中，最後產生「見賢思齊」的效果，或許這也是市面上的傳記、回憶錄之類的書籍有人買的原因之一，於是我開始能夠體會到孟母為何要三遷的心情。

鬥志持之以恆會質變成為毅力

　　一旦你能夠確認，「苦讀出頭天」的真實性與可行性，那麼你便會越來越不容易懈怠，然後就會開始減少看電視時間、逛街購物的時間、甚至會連覺得無聊、不知道要幹什麼的時間……等等的時間都會省下來，因為滿腦子無時不刻都在想，應該如何多擠出一些時間來看書（例如準備學業考試或證照考試）。

　　我想分享的經驗是，當你的這股鬥志能夠持之以恆的時候，有一天它會產生「質變」，成為一種堅定不移的「毅力」。一旦獲得了毅力，不論是求學或是任職，都將會得心應手許多，別人可能三兩下就放棄了，而在職進修者，卻往往能夠成為最後的贏家。記得電影賽德可巴萊，有一句台詞說得很好：「好的獵人要懂得安靜的等待。」我想這也是毅力的另外一種境界吧。

　　我的體會是：「我不如人當自強，人不如我莫囂張。」

CH 04
尋找自己人生的導師

　　老師跟學生之間，一向是沒有利益關係可言。縱使學生來日飛黃騰達，有幾個會記得當年諄諄教誨我們的好老師？或許有人會說，求學得階段根本就未曾遇見過，一個對自己有幫助的「好老師」，我覺得好老師是要學生自己主動去尋找，而不是自己送上門來，世間的道理不都是這樣嗎？豈有不勞而獲的道理。

導師的重要性

　　唐宋八大家之首韓愈在〈師說〉一文提到：「古之學者必有師。師者，所以傳道、受業、解惑也。」我國自古以來民間祭祀的對象為「天地君親師」，而之所以「師」者能夠與天、地、君、親並尊，是因為「師」者具有文化教養的功能，自然而然，就被視為是人類生命根源的五種對象之一。

　　我覺得除了教學之外，某一個程度上，老師也是學生學

習的典範。有人說「身教」與「言教」，而我把「老師」延伸為「導師」———一個會引導學生的老師。一個好的導師，可以引導你開發出自己的潛力，我想以自己的例子跟大家分享，我的博士指導教授李慶芳教授，在我學習質性研究方法的時候，教我透過繪製心智圖的方式，把腦袋裡面的東西有組織、有系統地畫出來，而且一直延伸、一直延伸，讓我學會了「演繹」與「歸納」兩門功夫，從此奠定了我寫作的基本功，而且打開了我思考的視野，可以說終身受用無窮。

能夠影響人生的導師

除了教學之外，我覺得老師的人生經驗，以及能夠給學生的良心建議，其實更是老師的重要價值所在。這一點要從我就讀專科時期的恩師楊敏里博士說起。我的啟蒙恩師楊敏里老師，在同學的眼中，就是一把大刀（意指很會「當」學生的老師），她不但教學嚴謹，而且對於學生的要求，也絕不打馬虎眼，是一個典型的嚴格老師。為什麼我稱她為「啟蒙恩師」？就是因為在我就讀二專夜間部時，有一次硬著頭皮向楊老師請教問題，她了解我沒有商學的背景，因此，她不厭其煩地反覆解說概念，並教導我如何答題，從此我一直

問，她就一直幫我解答，從來都未曾面露不悅或不耐煩。從那時起，開啟了我這一生，對於讀書這件事的「竅門」，後來不論是報考二技、研究所甚至博士班，我都會先向她請益，她總是像大姊、像母親一樣，毫無保留地為我剖析利弊，而且提出她的經驗與個人的見解，還好我也沒有讓她失望，一路順利考取也順利畢業。

所以現在看來，當年若沒有鼓起勇氣主動向楊老師提問，老師壓根也不知道，班上有一個學生需要幫忙，而後來我現在擁有的這一切，也就不可能存在了。因此，我深深的感受到，如果能夠找到一個人生的導師，對於一個人的一生，真的很重要，而且越早越好（可以節省時間，少走一些冤枉路）。有時候我在想，如果我是在30年前遇見楊老師，或許我今天也是「台、清、交」了。

發掘人生不同階段的導師

在不同的求學階段，會遇見不同的老師，學習到不同的學問，因此，難怪古人常不辭辛勞的到各處去遍訪名師。在我的求學階段與職場生涯中，遇過為數不少的人生導師，有長官、有客戶、有同儕也有部屬。

例如，慶展螺絲的老闆陳明昌董事長，他沒有傲人的高學歷，卻教會我「悟」這個字。他說慶展公司的總經理剛來的時候，兩個人經常因為經營理念不合而產生口角，員工之間都謠傳，董事長與總經理是「一山不容二虎」，這件事他認真地思考了好久，有一天他終於「悟」出一個道理，那就是董事長為何不將自己的角色，由「虎」轉成「山」，既然賞識總經理的能力，而且又是為公司著想，就應該充分尊重與授權，然後自己退居幕後，成為總經理的「靠山」，從此，公司的績效蒸蒸日上。他開懷的笑著說：「這就是悟！」這一件事改變了我的學習觀。

　　我發現每個老闆，都有自己成功的經營智慧，像是有馳公司的何順和董事長，他曾經告訴我說：「我沒讀什麼冊（意指學歷），我在公司都只管四件事——業務、廠務、財務與稅務。」這不就把大學企管系的五管（生產管理、行銷管理、人力資源管理、資訊管理、財務管理）全講完了嗎？所以說人生的導師，並不一定要在學校的課堂之上，職場上也有。

另外一種人生導師

在我的職場生涯中，也遇過一些「好為人師」的長官，這種人不論提到什麼事，總是自稱很厲害，而且還要品頭論足的批判別人一番。還有一種主管，很喜歡出難題來考倒部屬，藉此來凸顯自己的過人之處。其實這些人並不是真正的行家，充其量只是為了滿足自己的成就感，換句話說，也就是「刷存在感」而已。這種屬於負面的教材，對我而言，也是一種人生導師，讓我學習到如何避免「誤入歧途」，而重蹈他們覆轍。

舉例來說，我過去曾經共事過的一位銀行高階主管，在經理會議時，訓了一段話：「以前我在做放款的時候，讓我進到這家公司，只要三分鐘，我只要瞄一下，就知道這家公司會不會倒，所以你們要學會看客戶……」。我想任何一個銀行員都知道，銀行授信業務是有一定的標準徵信程序，怎麼可能用「瞄的」來決定授信？所以在場的經理人，在私底下莫不竊竊私語，這位高階主管根本就是在吹噓，因此，當場被大家當成笑話在看，只是他自己並未察覺，還洋洋得意地，繼續滔滔不絕。

我覺得每個人都應該學會一件事，就是去發掘屬於自己

的人生導師，而且是越早越好。真正的人生導師通常與年齡或職位高低無關，而是可以讓我們從中學習到經驗或教訓的言行。

　　我的體會是：「無私奉獻的智者，師也。」

CH 05
養成閱讀與思考的習慣

因為工作上必須經常查找資料解決問題，學業上必須蒐集、整理資料完成報告，自然而然就會延伸成閱讀習慣，上班族尋找相關訊息的方式就是閱讀，不斷地閱讀，不論是網路或紙本，到了學校更是如此。所以，一個同時身跨職場與校園的角色，自然而然，就會隨身帶著一本書，俗話說：「習慣成自然。」

閱讀與思考的重要性

在職場上經常聽到一句話是這麼說的：「我離開學校很久了，早就忘光了！」我們可以回想一下，其實每一個人在校園時期，都會讀很多書，可是一旦出了社會，似乎就很少翻翻書，尤其是現在手機非常普遍，越來越多人為了節省時間，把「懶人包」當成是知識的來源，說是講求效率，殊不知省略了思考這一關，無形之中，是在削弱自己對於外在事

物的判斷力。

閱讀可以增廣見聞，思考可以讓我對於事物，有更深一層的理解，就像是我的老師李慶芳博士一樣，同樣一件事，別人只看見表面，他卻往往能夠一句話道破，直指問題的核心，他常常笑著說：「質性研究做久了，真的可以幫人家算命！」這個就是思考的功力。

然而，只閱讀不思考，往往僅能走馬看花，如同船過水無痕，很難在腦海裡留下有用的東西。所以我在念博士班的時候，李慶芳教授最常問我的一句話就是：「那麼志明說，是什麼？」意思是指對於這件事，你自己怎麼看？有何見解？這些答案都必須透過思考來解答，甚至是「深層的思考」。因此，思考有助於我們去釐清問題背後的問題。

閱讀有助於思考，思考有助於閱讀

在職進修的好處就是離學校不會很遠、離書本不會很遠，因為每週都必須上學。我在國立高雄科技大學進修學院兼任教職多年，我曾經教過一位85歲的老伯伯，是一位退休多年的公務人員，他告訴我說他最快樂的事，就是等著星期六與星期日到學校來上學，因為到學校就會想要看書，說著

說著，手上還拿著一支放大鏡。這件事帶給我很大的震撼，我想老先生真的體會到求取知識的喜悅，如果我們的學子們，若是能夠盡早體會到這一層，是不是問題學生就會減少許多？

在職進修的好處是離書本很近，而且幾乎是每天都要摸，久而久之，就會養成閱讀的習慣。我曾經在一場演講的場合，提出這個觀點，一位高中生很認真地提出一個問題：「請問要多久的時間，才能養成習慣？」這個問題坦白說，我回答不了，至於要多久才能養成習慣，應該是因人而異，我當時回答的是：「隨時開始都不算晚，試了就知道，到時候，你再告訴我們答案。」

我發現其實在翻書的時候，反而會促進我們的思考。因為書本中的觀點我們不一定會贊同，尤其是課本中的理論與實務不同的時候，更會誘發我們求知的慾望，這個時候就會透過思考來釐清問題，進而找出答案。

閱讀從來就不只是為了考試

當我成為一個老師之後，發現一個很嚴重的問題，就是身旁很多人都把讀書與考試畫上等號，讀書是為了應付考

試，也就是不考試的時候就不必讀書。其實閱讀與考試雖然息息相關，但是除了考試之外，應該還有其他用途，我的經驗是一旦養成習慣之後，你會發現閱讀可以分成至少以下四種模式。

第一種「考試模式」，就像我們在銀行工作，經常需要參加證照考試，隨著專業證照的推陳出新，隨時就要考一張來放，此時就可以開啟此一模式，閱讀時以抓重點、讀重點，以應付考試為主。

第二種「反思模式」，當我們閱讀到某些內容是可以激起同感的，例如奮發向上的正面案例，或是誤入歧途的負面案例，這些有助於讓我們透過「看看別人、想想自己」，來達到反思的功能。例如在《舊唐書‧魏徵傳》，太宗謂梁公曰：「以銅為鑑，可以正衣冠；以人為鑑，可以明得失；以史為鑑，可以知興替。」這是唐太宗李世明在大臣魏徵去世的時，悲痛萬分，並且親自撰寫的碑文。他把魏徵比作一面鏡子，時時警醒自己。

第三種「應用模式」，例如以管理學的觀點來解讀《西遊記》，你會發現唐三藏其實是一個深藏不露的領導者，領導團隊（3個徒弟與1匹馬）達成目標。

第四種「樂趣模式」，就是把自己想像成書中的主角，

享受情節中主角的喜、怒、哀、樂，並從中獲得樂趣。

深層思考能力來自於大量的閱讀

　　通常我們所閱讀的作品，往往都是作者的心得與觀點，而且內容多半是去脈絡化的，也就是說，我們很難從字裡行間，去理解作者思考過程的來龍去脈。因此，我們從書本上所獲得的知識，往往是答案，但是，對於答案的形成過程，卻是一無所悉。然而，問題的解答，卻多半來自於答案的形成過程之中，因此，必須透過大量的閱讀來釐清並解答。

　　相信寫過報告的大學生，或是寫過論文的碩士生，應該都還記得，論文第二章的文獻探討，便是一個透過對於文獻的閱讀、整理、批判的訓練過程。讀的文獻越多，思考的角度就越廣、越深，批判觀點的支撐力就越強。因此，想要說服別人接受你的觀點，就必須能夠「旁徵博引」與「引經據典」，也就是講話要有所本，別人才會信服。而「旁徵博引」與「引經據典」這兩件事，都必須要透過大量的閱讀才做得到。

　　西方俗諺云：「做研究是站在巨人的肩膀上看世界！」說的就是在既有的基礎上，去發掘更高深的學問。我的經驗

是閱讀的數量越多，看待事情的角度就會廣、越深，甚至越不一樣，這種能力應用在職場上，往往能夠比別人更快抓住重點或是直指問題的核心，然後幫助你做出正確的選擇。當然在閱讀的過程，應該是會思考、懂反思的「用心」，而非僅是走馬看花的「用眼」。

我的體認是：「閱讀並不難，開卷見真章。」

CH 06
培養財務管理的能力

　　因為有穩定的薪資來源，對於財務的收支較為看重，每個月的收入總是會先想到要繳學費、買書，扣除這一個部分，才是可以支出的部分，久而久之對於「財務管理」的能力，自然而然比一般全職的學生來的強。因為這些錢全是自己辛苦賺來的，所以通常在支出的時候比較會理性與務實，養成買東西的時候很在乎「價格」的習慣，在選購商品時，通常直覺反應會選較低價位。

建立正確的財務觀

　　時下有一些不肖的業者，經常混入校園的學生人群當中，銷售動輒數萬元的英文教材或訂閱長期的刊物，而上當的多半是一些涉世未深的「全職生」。以「在職生」的眼光來看，實在是覺得不可思議，這些學生決定要買之前，難道沒有想過一個簡單的問題，那就是：「這個價格，你付的起

嗎？」原來「全職生」經濟來源都是來自於父母，最終還是由父母買單，所以壓根沒想過這個問題。

而在職生則不然，我的經驗是在職生因為財務自主，對於金錢的管理與規劃，會比全職學生來的實際。「花錢容易，賺錢難！」通常是社會新鮮人的體認，而在職生，卻是可以提早經歷出這種體認。不要小看這個體認，我的經驗是，一旦心理面對金錢時產生珍惜的想法，那麼當你在花錢的時候，必然會三思而後行，你會思索這筆錢花下去，要多久才可以賺得回來？

前華泰銀行副總經理林乾宗先生，曾經教過我一句很有哲理的話：「本多利少利不少，本少利多利不多。」意思是說，不要嫌銀行的存款利率低，只要你的本金夠多，一年下來的存款總利息還是不少；不要以為地下投資管道的投資收益很高，尤其是俗稱的老鼠會（非法吸金），雖然標榜利息比銀行高，但是有可能最後連你的本金都會賠光。

真的有「一本萬利」的金融商品嗎？

這句話其實是肯定的。我在高雄科技大學兼任教職的時候，開立「投資學」課程，有一次一位學生舉手提問：「請

問老師，您在銀行上班，有看過一本萬利的金融商品嗎？」我靈機一動回答道：「有啊！」語畢，引起全班一陣騷動，全班學生都瞪大眼看著我，我興奮地說：「有啊！像是大樂透、還有威力彩也是。」語畢，全班哄堂大笑。

2019年8月12日聯合報【戴瑞瑤／台北報導】

昨晚開獎的威力彩20.47億元頭獎，在台南市北區成功路「成功領彩券行」開出，一位幸運兒獲獎，終結46連槓紀錄。20.47億的頭獎稅後可領16.4億，是今年最高單注獎金。台彩統計史上第1高是2015年4月開在台中市霧峰區的30億元，第2高是2015年9月開在台北市士林區的428.7億，第3高是2013年7月桃園市開出的23.6億元。而昨晚台南北區開出的20.47億，則是史上第4高的頭獎獎金。

除此之外，我看過一本萬利的金融商品，全都是吸金集團的詐騙伎倆。就像早期銀行從事放款的前輩流傳一句話：「你想要借款戶的利，借款戶想要銀行的本！」有道是羊毛出在羊身上，試想銀行規模那麼大、人才那麼多，一年才能給你1%的存款利息，有人跟你推銷○○財務管理顧問公司的「投資計畫」，每月保證獲利20%，而且還保本，試想這些人

憑什麼保證獲利，甚至保證你的本金？

　　曾經有一個銀行的存款客戶，年約50歲的婦人穿著入時，拿著○○財務管理顧問公司推出的「超級投資計畫」的精美DM，興匆匆到經理室來找我，信誓旦旦地向我推銷這個投資計畫，還要我介紹銀行的存款客戶給她，每100萬還可以讓我分紅1萬元。我勸她冷靜一點，仔細地再想一下，如果真的那麼好賺，我就把這個分行全部幾十億的存款，全部都買這個投資計畫，我這個分行經理從今以後，什麼都不用做，每個月收20%的利息，只要付給存款人1%的利息，我個人淨賺19%，而且還不必繳納營業稅與所得稅，所以如果這個投資計畫行得通，那麼全台灣的銀行經理，不就一夕之間，全都發大財了嗎？清醒一下，試問○○財務管理顧問公司，準備支付給投資人的20%利息，這些錢要從哪裡來？

由財務看人生百態

　　這讓我想起一個小故事，當我還是台新銀行高雄分行工讀生的時候，有一個農曆年前，銀行同事們個個忙得不可開交，我的師父童宗傑襄理就問我有沒有空，我馬上就回說有空，他就丟了一份報表給我，要我依據報表上的電話號碼與

戶名，一一打電話去通知客戶來繳利息。原來那是一份「催收報表」，簡單的說，就是打電話去討債。我永遠記得那一張報表上面總共有50戶，扣掉電話無人接聽的大約還有20戶上下，印象最深的是最後一通電話，接電話的是一個中年婦人，31年次（比我媽媽年紀還要大），原來是兒子借錢買汽車，因為工作不穩定，因此利息繳不起，媽媽當保證人，所以後來都是媽媽在繳納。結果我開口請她記得來繳貸款利息，這位媽媽就開始滔滔不絕地，對我哭訴她悲慘的一生，從重男輕女不疼愛她的父親、不被祝福的婚姻，不負責任的丈夫、沒出息的兒子……等等，這一通電話我大概「聽了」1個多小時。我在想我才幾歲，打電話向一個比我媽媽年紀還大的人討債，真是何等的悲哀？當下我覺得自己的人生跟她比起來，真的幸福多了，同時也對我造成很大的警惕，並且告訴自己絕對不要欠錢過日子。

我的經驗是社會新鮮人，如果想要快一點「懂事、成熟」，銀行電話催收人員的工作，是一份不錯的選擇，因為你可以在很短的時間裡，看盡各種人生百態，當然也包含著，一大早的第一通電話，就被莫名其妙的被臭罵一頓。

我的經驗是：「你不理財，財不理你。你若惜財，財自依你。」

CH 07
從「逆境」中學習接受挑戰的能力

　　一帖苦口的人生良藥——逆境。在職場上，常常遇到的挑戰，應屬來自於「業績的壓力」，業績不理想，壓力馬上緊接著就到了；在學校遇到的挑戰應屬來自於「期中與期末考」，期中考成績不理想，期末考的壓力就來了，這些對我來說都屬於「逆境」。

「逆境」是一種令你坐立不安的狀態

　　「逆境」的降臨，通常會令你血壓上升、坐立難安，而且往往會令人措手不及。當你身處於逆境之中，很多狀況是你無法掌握的，因此就必須見機行事，此時考驗著當事人的臨危應變能力。我的經驗是，如果能夠在日常生活中，逐漸累積這種能力，日後的功力就會越來越深厚，然後就會改變原本那種坐立不安的狀態，進而讓自己提升到，遇見「逆境」時，一切應變都能了然於胸的境界。

「逆境」也可以看作是一種「壓力」，壓力越大越容易影響你的行為與判斷，身體的健康狀況，也會跟著亮紅燈。例如，我曾經當面見過一個男性分行經理，在面對壓力下的脫序行為，由於分行的主管之間，對於某個案件有疑義，然而，這位分行經理在面臨業績壓力的情況下，不但跳過溝通的程序，竟然當著辦公室中所有同仁的面前，當場用力拍了這位女性主管的桌子，而且破口大罵，這一拍造成的巨大響聲，讓在場的同仁全都嚇了一大跳。我個人的經驗是在面對壓力時，應嘗試靜下心來，先了解事情的原委，再透過溝通來謀求解決之道，拍桌或許能夠解決當下的問題，卻往往因此種下禍根。然而，話雖如此，真正做起來並不容易，這種修養是必須透過訓練，而在職進修就提供了相當好的場域，這些經驗是校園中全職生比較少接觸到的。

　　我的老大哥華泰銀行高雄分行陳志澤業務經理，就曾經提醒過我：「滾水看不見倒影，憤怒看不清真相。」這句話我一直放在心裡。

我給「逆境」的分類

　　「小型的逆境」」顧名思義指的是「短暫的痛苦」。

然而，可別小看這個「小」字，不斷的經歷這些「小型的逆境」，可以從中學習與鍛鍊，如何應對與解決的能力，此舉有助於我們不段地累積能力與能量，就如同武俠小說情節中的「內力」或「內功」，如此經年累月地不斷地接受試煉、不斷累積能量，儲備我們未來在面對更大的逆境時，所需要的能量。例如，面臨職場上的業績壓力、學校期中期末考的壓力等等

「中型的逆境」，意指比小型逆境更嚴重一點的狀況。我也遇過幾件，印象最深的是有一個客戶，自認因為銀行的疏失，造成他匯兌上的損失，除客戶登門拍桌要求賠償外，還以投訴蘋果日報與找黑道為要脅，當時同仁們六神無主、七嘴八舌，沒人敢上前說明，我當時在授信部門擔任襄理，聽見樓下有罵人的聲音，急忙下樓查看，結果發現主管當場愣在一旁，手裡還端著一杯水，不敢靠近客戶。於是我主動上前請其息怒，自我介紹自己的職務，容許我了解情況如何，客戶見我好言相勸，這才放低聲量說明原委，結果是昨日客戶換匯時，櫃台人員將賣匯的費率當成買匯匯率，換句話說，就是銀行人員的缺失，造成客戶總共近2,000元新台幣的損失。於是我當場從口袋中拿出2,000元賠給客戶，客戶也息怒了，和我有說有笑地走出銀行，我認為錢可以解決的都

是小事，錢不能解決的才是麻煩事。以上案例只是我的經驗分享，並非銀行的標準作業程序，特此聲明。

「大型的逆境」，就像我當年經歷，中華商業銀行倒閉的那一段時間，民眾爭相上門擠兌。當時我是信用卡部的經理，竟然還有客戶打電話來問，是不是銀行倒了，信用卡的欠款就不用還了。經歷一年政府的接管期限後，中央存款保險公司在清理後，依法結算全體員工的年資，當時我頓時成了失業人口。所幸在金融業打滾的這些年，累積了不少的資歷與人脈，很快地就找到銀行分行經理的工作，繼續我的金融生涯。因為我面對過幾個月失業的窘境，這段時間所幸有大學兼任教職的支撐，所以我經常跟同仁分享，平常一定要培養自己的第二專長。另外，人脈的累積在職場上是相當重要的，尤其是當你需要的時候，往往就能夠發揮意想不到的效果，關於如何累積人脈的細節，容我在後面的章節中說明。

透過學習駕馭逆境，提升自己的免疫力

我覺得「逆境」有點像「疫苗」，適當的疫苗接種，有助於我們抵抗疾病。當然，也有人從小一帆風順，成長過

程都在父母的細心呵護下，從未遭遇過逆境的挑戰，所以也就不具備此種能力。結果遭遇逆境時，壓力一來，要不就痛哭流涕、要不就裝病不上班、最後捅出摟子，連父母都要到公司幫他收尾擦屁股。而在職進修這一帖藥，就是專治的良方，在職場與學校的雙重歷練下，此一功力的累積自然是雙倍的成長，有別於一般全職生，生活環境僅止於學校的課業，理所當然，人生的經歷比較少，能量的累積自然就也就會比較少。

回想起我在職場在職進修的點滴，主動面對問題是我的處事態度，我個性比較活潑外向，閩南語叫「活骨」，因此，對於主管交辦的事項，向來是來者不拒，長官派任我從事任何職務，我從來沒有個人意見，除非主管徵詢我的意見，也因此，不論我到哪一個銀行服務，總是被調來調去。我常在想，或許這也是我的職場競爭力之一，別人不想接的差事，長官就會來拜託我，只要我圓滿完成任務，能見度就越高，因為能見度越來越高，所以當有升遷加薪的機會，往往我就是首選，這一點想要跟社會新鮮人分享，我的例子證明，吃虧就是占便宜，真的是千真萬確。

我的經驗是：「順來順去順漸弱，逆往逆反逆更強。」

CH 08
「認分」不「認命」

　　工讀生就必須把工讀生的事情做好，但是我一直告訴自己，絕對不會永遠只是當一個工讀生。當工讀生的時候，我必須抬20公斤的飲用水桶，有一天我當上分行經理，也還是要抬20公斤的飲用水桶。或許你會覺得很納悶，銀行的經理幹嘛還要自己去抬？原因是我翻遍銀行的各項準則，沒有規定應該由誰負責來「抬飲用水」，那麼水喝完了，誰要去抬？經理可以命令誰去抬？如果行員拒絕呢？拒絕犯了什麼規定？所以經理想喝水就自己抬吧！

　　還記得我在台新銀行高雄分行擔任工讀生的時候，有一回嘴裡抱怨工讀生的工作量與薪水，根本就不成比例，乾脆辭職算了。銀行駐警謝長源大哥對著我說：「志明啊，在這裡你至少還是一個正式的工讀生，辭職之後你就什麼都不是了，抱怨不是壞事，但是一直抱怨只會把你自己害慘。」我很慶幸當時遇見謝長源大哥，而且有聽進去他的勸告，否則我今天就真的什麼都不是了。

盡本分是最基本的態度

不論是擔任什麼職務，都必須先搞清楚自己的本分是什麼，這件事看起來很簡單，但是很多人都做不到。薪水領越多，責任就必須負更大，這就是主管的本分，員工呢？自己分內的工作是什麼？願不願意全力以赴？我看過太多人，能推就推，深怕多做一點工作，自己就會吃大虧似的。因此，我發現從主動去抬20公斤的飲用水這件事，就可以觀察出在辦公室裡，男性員工的態度與本性（女性抬不動）。

例如我在華泰銀行擔任台中分行經理的時候，有一次負責整合中地區三家分行的業務與人力。因為工作調整的緣故，有一部分員工必須要轉調往其他分行。我的印象很深，有一位家住台中市區的女襄理，原本每天要開車30－40分鐘去上班，我準備幫她調回台中市區的分行服務，想說如此一來，她也就不需要花那麼多時間來上下班，沒想到我的提議遭到她的強烈拒絕，說什麼也不願意調回市區。就在我百思不得其解之際，身旁一位主管點醒了我，他說：「鍾經理，你想想看，她每天頂多花2小時上下班，可是她上班的時候6小時都很閒（偏鄉分行1天沒有幾個客戶會上門），薪水不變，你想她會想要調回市區嗎？」坦白講，如果這位主管的

推測若是真的，那麼我倒有點同情這位同仁，這位襄理基本態度真的會害慘了她，因為她對不起這一份薪水，總有一天會被檢討適任性，縱使她不缺錢，根本就不在乎這份工作，但也從此成為同仁間，私底下取笑的對象，值得嗎？

有一句話說：「態度決定高度！」能夠勇於面對挑戰的人，最終多能造就非凡。我在職場上看過太多人，對於工作量處處斤斤計較，對於該負責任的工作，經常推三阻四，到頭來也占不到半點便宜，因為天道輪迴，善惡承負，不是不報，只是時候未到，到頭來這種人通常下場都不是很好。因此，要想能得善終，就必須謹守分際，善盡自己的本分，努力創造出自己的價值來回饋職場，才是王道。

忠於自己的本分

我不是創業的料，因為我不具有冒險的特質，所以我成為一個上班族，既然是上班族就必須幫老闆賺錢，這是我的認知，也是我的本分。老闆提供我一個可以養家餬口的機會，我就必須忠於老闆，盡其所能地為公司創造盈餘，這就是我的態度與認知。

我覺得當一個人能夠認清自己的本分後，不論是工作

或是生活，都會變得踏實許多，因為你會有很明確的人生目標。這也就像全聯福利中心的店經理，縱使是休假日，還是會穿著便服穿梭在賣場當中。或許看在旁人的眼中，這是份苦差事，然而，她（他）們卻還是樂在其中，因為這是一個專屬於她（他）們的舞台，除了安身立命外，還可以一展長才。

「責任感」就是一種忠於本分的展現。具有責任感的主管做事情，不會只考量到自身的利益，而是以成就大局為考量，而周遭的人也會被這種氛圍所影響，此時再來號召群策群力，通常就能夠有效凝聚出組織的向心力。比起自私自利、自以為是，凡事皆以保住自己官位為出發點的主管來說，更能擄獲員工的心，所以我常說：「員工的眼睛是雪亮的，可以遮無法騙！」

我命由我不由天

在晉代道教理論家葛洪所著的《抱朴子‧內篇》中，卷十六〈黃白〉記載：「龜甲文曰：我命在我不在天，還丹成金億萬年。」生命的操縱權，就在自己的手上，想要改變自己的命運，就必須自立自強，最後才能由自己來決定，不由

天地掌握。

　　我的信仰是祖先自大陸安溪奉請而來的「清水祖師」，每當我要參加考試的時候，就會影印一份准考證，放置於神桌之上，祈求祖師保佑順利過關，從未失手。記得有一回參外幣保單考試時，一如往常，將准考證影本放在神桌上，我記得很清楚，當時很心虛的稟報祖師，因為最近工作很忙，懇請祖師保佑我這次考試順利過關，結果並未如願。事後我反思許久才覺醒，如果這次考試讓我蒙混過關，不就成了「我命由天不由我」，於是我下定決心重新苦讀後，重考一次才過關。

　　「我命想要由我」就必須付出代價，不勞而獲是不可能的事。所以如何從中找到樂趣反而是重點，老老實實的守好考生的本分，認真讀書才能有好成績，而非妄想祈求神明的庇佑，畢竟想要主宰自己的命運，最終還是要靠自己的努力，不是嗎？

　　我的經驗是：「貪圖一時的好逸與惡勞，只會換來事後的悔恨與懊惱。」

中場

如何讓主管發現我、重視我，
能力與努力很重要⋯⋯

CH 09
妥協的藝術

職場上的衝突與校園中的衝突其實大同小異，有人在的地方就會有衝突，只是大小各有不同罷了。而妥協是避免衝突的方式之一，然而，很多人認為主動妥協，是很沒有面子的一件事，雙方就會僵持不下，在僵持的過程中，只要其中一方擦槍走火，最後就會演變成一發不可收拾的局面。因此，如何妥協其實是一種經驗、技巧甚至是一門藝術。

為什麼需要妥協

記得有一次期中考，班長逕自將全班每一排，分配一個題目查找答案，並當眾宣布在集合所有答案後，會送至影印店，縮印成一小份發給大家，以便大家在考試的時候可以「參考」。結果我就很火大，當場舉手反對，我的密友張小呆（晏甄小姐），也不約而同地跳出來力挺，結果下場就是我們2個人從此就被邊緣化，班上的關係也不再和諧。其實，

當時反對的出發點，並非覺得自己很清高，只是覺得作弊是自己的事，沒有必要把別人都拖下水，畢竟有一些功課好的人，根本就不需要作弊，只是他們對於班長的提議敢怒不敢言，而我的不爽與衝動，剛好幫她們逃過一劫，結果卻也替自己惹上麻煩。

自從發生過這件事後，我經常反思，當時有必要這麼激烈的反應嗎？是不是反應過度了？有沒有顧及班長的顏面？畢竟大家都是在職場上，事後這件事讓我深深地體會到妥協的重要性。我所謂的妥協並非同意參加集體作弊，而是解決方法其實有很多的選項，例如可以事後去向主任匿名密告，本次考試將會有人作弊；或是索性睜一隻眼閉一隻眼，只要自己不作弊就好了，讓參加作弊的人去自求多福；或是去向班長說，聽說老師知道我們這次要作弊，讓他知難而退……等等，總之，當下就不應該做出那種損人不利己的對立反應。

妥協就是避免正面衝突，雙方各退一步，避免事端擴大，並從中尋求因應之道。我覺得妥協有時候就像跳恰恰舞步，雙方一來一往、一進一退。

佛爭一炷香，人爭一口氣

「佛爭一炷香，人爭一口氣」，通常是用來比喻一個人爭強好勝要面子。姑且不論他的邏輯問題，例如前句，照理說「佛」是一個覺悟者，怎麼可能去追求這種世俗之物？但是如果我們仔細思考一下，這句話的意涵，這個「爭」字，有沒有可能是「有方法的爭」，也就是想要爭一口氣，未必要採取強硬的方式。這是我在學校讀書與職場實務之間來回的體驗，怎麼爭？如何爭？爭什麼？這是政治大學蕭瑞麟教授在論文審查意見中給我的啟發。

我覺得很慶幸自己是在職生，才有機會經常在學校與職場，雙重身分交替下，讓我懂事（反思的能力）的很快。後來很快地，在職場上就遇見一次衝突的場合，看到一位怒氣沖沖，舉手反對總行政策的同事，立刻讓我想起以前的自己，會議後，看到這位舉手反對的同事，還振振有詞地到處長篇闊論，結果幾個禮拜後他就辭職了。

我發現在職場上喜歡長篇闊論的人，往往也是好面子的人。深怕別人不知他肚裡子有多少貨，只要是遇到與自己的觀點不同，或是理念有不合之處，就急著想要說服別人，接受他的說法，而逞口舌之快的結果，或許可以一時讓人「口

服」，卻無法令人「心服」。

爭得了一口氣又如何？

　　我覺得面子這件事現今的社會上，似乎是大多數人很在意的一件事。例如，我曾經聽過一位中小企業主，提起他去銀行借錢的經驗，說是想要到銀行借錢，一定要開好車，銀行才會認為你有行情，也才會放心借錢給你。其實這種說法和我實際的經驗，剛好相反，我在銀行遇見所謂「有實力」的客戶，意指很有錢、資產雄厚的人，通常是很簡樸、低調的打扮。話雖如此，但是畢竟這件事涉及每個人的價值觀，有人認同，有人卻不以為然。

　　現代人往往容易一件小事，跟人吵得臉紅脖子粗，以下這則報導的情節，相信大家並不陌生，沒錯！這就是經常發生在台灣道路上的真實情況：

　　2018年11月20日TVBS新聞台【羅一心／台中報導】

　　台中一名騎士行經大坑時，遭到後方休旅車按喇叭，騎士比了個手掌向上的手勢，結果休旅車駕駛看了不爽，逼近騎士邊開車邊嗆聲，還要求對方靠邊下車，雙方在路邊互

嗆，騎士朋友緩頰休旅車駕駛才開走，沒想到下一個路口，駕駛停在路邊，看到騎士在停等紅燈，衝到路中央又大聲嗆聲，讓騎士傻眼，將整段行車紀錄器PO上網……。

以上這個情景，只要其中一方拿出武器，是不是就很容易演變成凶殺案？試想縱使讓你爭得了一口氣，而後果是因而傷人性命，或是讓自己丟了性命，又如何呢！

妥協是一種藝術

首先，妥協並不是委屈自己，反而是在替你爭取解決問題的契機。在職場上，我學習到「事緩則圓」這句話。我的經驗是，在溝通的過程中，如果雙方僵持不下的時候，不妨冷靜一下，擇日再談，不需急於一時，然而，若屬有時效性之急件，則可停止對談數分鐘，各自整理思緒之後再行溝通，數回合之後，通常就能夠取得共識。

其次，懂得適時妥協的人，雖然在過程中容易讓人瞧不起，但是往往卻是最後的贏家；我常形容說：「失了面子，卻得了裡子。」只要你想的通這一點，有時候表面上看來是退，其實才是真正的進。尤其是在面對無理要求的客戶時，

如何妥協的賓主盡歡，才是高招，才是藝術。

最後，我並不是鼓勵大家消極地隨波逐流，反而是要分享經驗，如何透過對於妥協的適當拿捏，來訓練自己控制情緒、保持冷靜，讓自己的思維更加清晰，以避免產生正面衝突，產生無法收尾的後果，並積極的思考及尋找多元的解決方案。

我的經驗是：「談判靠技術，勝負取決唇舌戰。妥協是藝術，一切盡在不言中。」

CH 10
練就蠟燭兩頭燒的本領

　　在職生本來就是一種蠟燭兩頭燒的角色，一邊要上學，一邊要上班。也因為這個「特性」所使然，同樣一根蠟燭，兩邊同時點燃的亮光，肯定會比只點燃一邊，來的光亮許多。而這個亮光，讓我們在職進修者的生命與成長歷程，變得更加多采多姿。

「本領」是一種與眾不同的能力

　　「本領」，基本上就是我會而你不會。就像是有些人，一次只能做一件事，而有人卻可以，在同一個時間內，同時處理好幾件事，這是一種本領也是一種能力，而這種能力在職場上，相當容易受到青睞。

　　但是想要練就這種本領，需要很特別的情境或環境，而這種環境在職場上卻不容易尋得，而且懂得這種本領的人，未必願意教人。但是，我發現透過在職進修，可以塑造出這

種情境，尤其是越是基層的員工，越有機會磨練出這種本事。因為基層員工，往往是組織之中，最繁忙的人。能夠在百忙之中，還能擠出時間來做其他的事情，如此經年累月的鍛鍊下來，自然而然，就能培養出這種「本領」。

養成充分利用時間的習慣

例如，在職進修者最痛苦的時候，莫過於學校期中與期末考的期間。有些人白天要上班，晚上要上學，如何有時間準備考試呢？這時候蠟燭兩頭燒的窘境就會出現了，於是「窮則變，變則通」。在職進修的同學們，發展出將考試重點整理成A4紙上，利用上班的空檔與午休時間，加緊複習的方法。當我還是存匯櫃員的時候，面對源源不絕的來客數，有時候連喝口水的時間都沒有，這個時候要如何準備期中考呢？我發現當傳票或存摺，放入列印機認證時，往往會5－10秒的等候時間，這個時候往往剛好可以背誦一句重點，很奇妙吧！

這些準備考試的過程，讓我從就讀夜二專以來，養成一種充分利用時間的習慣。其實我們自己靜下心來，好好地想一想，智慧型手機這麼發達，我們使用手機的時間都在做些

什麼？玩遊戲？追劇？還是FB？Line？現在我的公事包內，隨時都會準備一本口袋書，永遠會有一張英文單字或短句的紙條，這些習慣讓我隨時隨地可以充分利用時間。

學會考試（做事）抓重點的方式

再以準備考試重點為例，因為受限於時間有限的壓力，因此，重點之內容必須精簡，在準備的過程中，就會不斷地練習「精簡、精簡、再精簡」，也就是說學會透過「抓重點」，來提高效率，或許這就是《易經》所說的：「化繁為簡，以簡馭繁。」把複雜的事情變簡單，用簡單的方法來解決複雜事。

學會抓重點其實好處很多，像是開會講重點，節省大家的時間，員工肯定個個眉開眼笑起立鼓掌。像是做事挑重點，捉蛇打七寸，簡單俐落，因為老闆通常只想要得到他想要的結論。其實，在職場上，很多人、事、物的時間都不是花在刀口上，也因為找不到重點，所以往往浪費了許多時間與成本。就像我曾經服務過的一家銀行，這個銀行的長官們，很喜歡做一些表面工夫，例如強迫員工四處去拉人來申請信用卡，然後舉辦開戶比賽，讓全體員工四處去拉人來

銀行開戶等等，這些行為看在全體員工眼裡，大家都心知肚明，基本上都是賠錢的生意，因為這些客戶都是捧場的性質，活動一結束，緊接而來的就是剪卡與銷戶，這些怎麼會是一家銀行的經營之道呢？

建立共好的正向心態

或許常會在職場上，聽見資深的前輩們提醒說：「想要在職場上存活，就要懂得留一手！」也就是說，自己的獨門本事不要教給別人，免得有朝一日自己被取代。我過去服務的銀行，就曾經有過一個這種主管，深怕代理人學會她的專業，所以每次她要休假之前，就會叫客戶這段時間，到別的銀行去辦理外匯交易，久而久之，被分行經理發現她故意把業務往外推，不但嚴格地訓斥她一頓，後來為了避免再發生這種情形，就把組織重新調整，不久後這個主管就自行辭職了。

因此，在組織中，少數人會這種本領其實並不稀奇，但是，如果大家都會，那麼組織的「戰力」就很可觀了。也就是說如果我們把心胸放寬，讓新人可以透過培訓的過程，學習到蠟燭兩頭燒的本領，那麼在提升新人能力的同時，可以

獲得新人的友情，同時不也是為組織在創造績效。就像我就讀夜二專時，同學們分享整理考試重點的方法，全班考試all pass，老師高興，大家順利畢業。

最後，我分享蠟燭兩頭燒的心得，其實我們有時候，可以靜下心來回想一下，一天當中，是不是有很多時間是浪費掉的。當然有一些時間並不適合同時做兩件事，像是開車的時候，應該專心路況與車況，或是老婆在碎念的時候，應該專心聽講，免得接不下話的時候，會死得更慘。所以我通常會選擇，另一種方式來利用時間，例如手握方向盤時，沒事用手指在方向盤上，練習柔弦的動作（二胡演奏時抖音的技巧），當老婆碎念時，我就……，嗯……啊……這件事就不分享了。

我的生活體驗是：「蠟燭兩頭燒，亮度兩倍光。」

CH 11
懂得尋找工作的方法與態度

　　《論語‧衛靈公》子貢問為仁，子曰：「工欲善其事，必先利其器……。」由此顯見工具（方法）的重要性。記得很久以前，美國有一個熱門影集《百戰天龍》，男主角馬蓋先每當情況緊急時，總能在絕處生智勇，透過一連串奇妙的方法，來解除危機，令人印象深刻。

「方法」的重要性

　　在學校有讀書的方法，在職場則有工作的「眉角（閩南語）」，兩者的道理都一樣，就是好的方法，可以幫助我們提高「效率」。而在職生比一般生，多了職場上的歷練，對於找出做事的方法，通常較為靈活，也就是腦筋動得比較快。

　　記得曾經有一次，一位女性同仁，在關上金庫的閘門之後，突然大叫一聲，原來她把金庫的鑰匙，放在金庫裏面

的櫃子上，大家一時手足無措，再回神之後，襄理決定花錢請人來開鎖，又怕被經理發現而挨罵，於是我向襄理提議是不是先讓我來試試看，襄理半信半疑地看著我。於是，我先將一旁盆栽裡，用來固定蘭花的鐵絲抽出三枝接了起來，再把最前端折成勾狀，接著利用鐵絲穿過金庫閘門間隙，勾住鐵櫃上的鑰匙串，然後慢慢地拖回來到門邊，成功的拿出鑰匙，打開金庫，我現在都還記得，當時一堆女生的鼓掌與歡呼聲。

我的經驗是遇到問題發生時，一定要先保持冷靜，先看看身邊周圍有沒有可以利用的資源，只要你的態度是正向並且細心觀察，必然可以找到可用的資源，就像是美國影集百戰天龍裡，男主角馬蓋仙一樣，任何不起眼的東西，信手拈來，立刻就成為救命的仙丹妙藥。當然，經驗也是很重要的因素之一。

好方法與好態度相輔相成

若是沒有好態度來支撐，很難找出好的方法。怎麼說呢？意思就是遇到困難時，若只想一味地逃避，是不可能找出好方法，因為你連處理問題的動力都沒有，哪還有時間去

觀察、去思考？華泰銀行董事長賴昭銑先生，時常訓勉分行經理必須要用心去「發現問題」，勇於「面對問題」，積極「解決問題」，最後要提出對策來「防範問題」。賴董事長提到的就是一種正向的態度，我個人的經驗是解決問題並不難，前提是必須先正面看待，這種組織文化與態度的建立比較難。

其實學校與職場，是相互連結的場域，我發現在職生當中，讀書認真的人（成績不一定是最高），在職場的表現多半很優秀，像是我的同學中華豆花的柯碧蘭經理、博士班學妹美樂美髮的沈美利總經理，都是很傑出的在職進修生。她們就是具備很正向的態度，在學校很認真，同樣的在職場也很認真。

因此，想要找到好方法的前提，必須先建立自己正確的態度，就如同我的老長官華泰銀行前副總經理林乾宗先生所說：「既然領了這份薪水，就必須負起該負的責任，職等越高的人，責任就越重！」這是我奉為圭臬的職場態度。

找出好方法比抱怨來的快

我的經驗告訴我，找出解決方法所花的時間，比抱怨

來得少很多。也就是當同事們還在抱怨現況的時候，我已經找到解決方法了，有時候甚至已經解決了問題，這個實驗屢試不爽。在職生由於已經接受過職場的洗禮，比較具有人情世故的手腕，像是班長如果是中小企業主，通常出手就很大方，班上的開銷通常不成問題，但是也有一個缺點，那就是班長很喜歡帶頭起鬨，跟老師討價還價，像是「考試範圍」、「考試改成交報告」、「最好是連報告都免了」，這些苦頭在我成為大學老師之後，都嚐到了，回想起來還真是「報應」。以前坐在下面「魯」老師的人，現在卻變成站在台上被學生「魯」的對象。

其實，我發現與其去煩老師，還不如平時就顧好自己的功課，這是我從班上成績好的同學身上學到的兩件事，一是課堂上認真學習（畫重點及記筆記），二是課後一定要找時間複習（整理成重點及背誦）。試想職場上的老闆，哪一個會容許，員工跟自己討價還價，只要想通這一點，根本就不需要浪費時間去做這些舉動。

消極的人找藉口，積極的人找方法

不論是在學校或職場，這麼多年來，我學習到積極的面

對問題，才是上上策，今天不處理，明天就會累積上去，就像是中年男人的「啤酒肚」一樣，會胖都不是一天兩天造成的。

我在職場上看過太多人，遇見事情就很會推，一時把問題推掉了，就覺得很高興，沒有想到後座力，卻是往往是令人意想不到。我曾經遇過一個案例，當我還是放款部門當領組的時候，有一回一個中年男子到銀行，想要兌換1萬元的千元新鈔，也抽了號碼牌，好不容易終於等到他，櫃台人員卻告訴他說：「先生你沒有在我們這裡開戶，所以不能在這裡換新鈔，你要到台灣銀行去換。」先生一臉無奈的正要離開營業廳，我剛好從外面回來，先生上前問我台灣銀行怎麼走，我跟他說明必須走好大一段路，現在中午大熱天很容易中暑，我問他要辦什麼業務，他告訴我原委，於是我就帶他去提款機，領了1萬元的千元新鈔，先生向我道謝後，跟我要了一張名片就走了。幾天後，這位先生主動來電說要來開戶，並且指定要給我做業績，開戶那一天，這位先生跟我說：「其實我是你們副總經理的同學，我打電話給他，說今天早上要來給你做業績……」，我不知道他跟副總說了什麼，但是肯定是好壞參半。當日中午我就接到副總，誇獎與勉勵的電話，而那位櫃檯人員被主管叫進去經理室，好一會

兒後臭著臉出來。

　　其實過年期間，銀行的提款機裡面，裝的全都是新鈔，根本就不需要去銀行的櫃台排隊，就連百元鈔也是。我偶而也會和同仁分享這個經驗，有時候我們只要動一下腦，就可以解決客戶的問題，甚至將來也是一個拓展業務的機會，利人利己的事情，為什麼不做呢？銀行或許有銀行的規定，但是若能在不違反規定的情形下，協助客戶解決問題，那就是我們在職生的職場競爭力。

CH 12
為了工作而讀書

　　當我就讀研究所在職專班的時候，我發現自己是為了工作而在職進修，這時候的我已經是一個小主管了。我發現一個很有趣的現象，就是「會做不會講」，也就是可以成功處理一件事，卻不知道這件事的處理，為什麼會成功。引用先前所說的：「實務就是物品製作做出來之後，卻不知道為何做得出來。」所以，這個階段在職進修目的，在於探索知識如何運用在實務上。

從技術到學術之路

　　「碩士在職專班」或是「高階經理人碩士專班」，曾經造成過一波搶讀風潮，許多學歷欠佳的中小企業主、高階經理人等等，紛紛透過這個管道尋求「學歷鍍金」，一時名片上「國立大學碩士」的頭銜隨處可見。對於這種鍍金的現象，很多學者不以為然，認為這是大學教育「學店化」的悲

哀，容易給人用錢買學歷的觀感。而網路上，有不少諸如此類的批評言論，但是我覺得也不能以偏概全，至少在我的求學過程中，周遭認真的同學相當多。

坦白說，對於某些不用寫碩士論文，就可以畢業的研究所，我個人並不認同，或許有人會說「專利」、「得獎紀錄」等等，都可以證明學生的實力。話是沒錯，但我認為，就讀研究所的重點，就是在於學習「如何撰寫學術論文」，也就是我經常和學生分享的「做學問的方法」，保證你在職場上絕對用的著。舉例來說，現在有一個公司來銀行，想要借新台幣1億元，而你是銀行的授信人員，主管要你針對這個產業寫一份徵信報告，這個時候撰寫論文的技巧與經驗，絕對可以派上用場。又例如，公司有一個新品上市，必須至客戶公司做簡報，此時你的論文簡報技巧與經驗，同樣也可以派上用場。再舉例，公司要求你做一份市調報告，量化論文的同學絕對不陌生，從問卷的設計、發放與回收、建檔到內容分析等等，肯定是得心應手，又可以幫公司省下一筆委外市調的錢，誰說讀書無用呢？

如何讓這條從技術到學術的路，可以走的暢通，端看當事人有沒有想通。我的經驗是在職進修的好處，在學校課本上學到的理論，可以馬上運用在職場，像我在念二技進修學

院的時候，星期天學到供需理論，隔天星期一上班的時候馬上就可以運用在匯率的漲跌判斷之上，當你發現理論與實務不一致的時候，透過思考與修正來調整誤差，最終你會發現一個很有趣的結論，那就是理論是對的，只是你的解讀方式或角度不對。

貼近實務的讀書觀

為了工作而讀書有兩個層面，其一是讀書的目的，其二是讀書的種類。首先是讀書的目的，為了工作而讀書，是希望透過對於知識的汲取，來提高職場的效率與效能，藉以提升自己的競爭力。其二，所選擇的書本或教材，多半是與實務有直接關係，不論是財務、行銷、經濟甚至是管理類型，因此，內容多以知識導向，以「知」為中心，較缺乏彈性，畢竟想要挑戰既有的理論並非易事。

然而，對於在職進修者來說，「用」才是背後真正的目的，緊接著怎麼用？用在何處？何時用？等等問題，就是在職進修者想要知道的答案。舉例來說，經濟學的供需理論，如何拿來判斷匯率？學理上，數量的供給與需求會影響價格，實務上，當很多人搶著買美金，市場上的美金就會越來

越少，因此，美金的價格最會越來越貴，原本31元新台幣可以買1元美金，現在變成要32元才能買到1元美金，所以新台幣從31元兌換1美金升高到32元兌換1美金，這就是新台幣貶值。

我個人的經驗，在職進修者，在這個階段讀書時，應盡可能與實務產生連結，嘗試著用實務的案例來印證理論，不但有趣而且較容易記憶，如果能夠跟自己的職業相結合，更有助於對理論的理解與詮釋，提升自己達到「以理論解釋實務，以實務深化理論」的境界。

一條「利」與「名」雙收的捷徑

在職進修不但可以賺到「金錢」，還可以獲得正式的「學位」，可以說是名利雙收的一條捷徑。我常跟學生開玩笑說：「你們拿的畢業證書也沒有比較小張，跟一般生比起來，上面反而還多了4個字──進修學院，讓老闆知道你有工作經驗，而且還是苦讀出身，代表你能吃苦耐操，這有什麼不好？」

不可否認，有部分在職進修者，只想要畢業證書，有了國立大學畢業的學歷後，或許可以升遷、加薪或好名聲。但

是我覺得，既然都已經投入時間與金錢，為何不好好的思考一下，這段時間還可以獲得什麼？除了讀書之外，其實，認真想一下好處還真的滿多的，像是認識異性朋友、賣保險、拉直銷、參加慈善團體等等。這些在我的求學生涯中，都是家常便飯，因為我也不遑多讓，像是拉同學辦自己銀行的信用卡賺業績獎金。

最後我想要分享的是，為了工作而讀書，主要的目的是取得更高的學歷，這一點無庸置疑。除此之外，我發現還有許多優點。其一，你會發現為什麼要讀書？偶而會聽見年輕人說：「對讀書沒興趣。」有一天我成為老師之後才發現，其實不是沒興趣，而是沒有將讀書這件事引導到興趣上，也就是說不知道「為何而讀？」為了工作而讀，會讓人很明確了解到，讀書就是為了提升自己的職場競爭力。其二，花一樣的時間可以同時做兩件事，CP值超高。與一般生相比，投資報酬率顯然高得多，而且非常划算。其三，真正的讀書，不只是為了應付考試而讀書，而是會真正去思考教科書上所寫得內容，放在真實的人生中，是否真能適用。我想真正的體會，在職進修者的讀者應該不陌生，最後建議還在進修的同學們，能夠把握時間認真學習，繼續往下一關，開創出屬於自己的一片天空。

CH 13
為了自己而讀書

　　讀書一定要會思考，產生心得並且反思後，才能產出屬於自己的知識。我常常喜歡跟學生分享一句話：「讀書與感情一樣，是勉強不來的。」除非當事人能夠親身體認，否則絕對無法改變，就像有些家境富裕的小孩子，不喜歡讀書，打死他也沒有用，反觀有一些家境窮苦的孩子，一方面要幫忙照顧弟妹，一方面還能夠自動自發地找空檔讀書，就是這個道理。

關於讀書這件事

　　書本的功能，通常是用來傳遞既有的知識，但是對於知識的解讀，則端視讀者的領悟力。由於長期受到升學主義的刻板觀念所影響，讀書這件事，往往跟考試連結，有考試才讀書，不考試就不讀書。因此，出了校園進了社會之後，就不再讀書了。讀書從來就不是只有教科書，有太多的課外書

籍可以參考。

　　我覺得讀書這件事，其實很有趣也很重要，但是這種體認為何無法在小時候就產生或建立？或許有人會說學校教育體制不對、老師不會教、教材不夠好等等。其實政府很早就在推廣校園閱讀，而且從國小就在扎根，然而，為何報載社會的閱讀風氣仍然不彰：

2019/03/29 TVBS新聞【曾奕慈報導】

　　台灣人有多不愛讀書？根據聯合報所做的調查顯示，有4成的台灣人一整年都沒有看書，但反觀法國女性和65歲以上的退休者，每年至少讀20本的書，中華民國圖書發行協進會就認為，政府應該照顧出版業，增加優良書籍的出版和活動，才能間接厚實台灣的閱讀實力。……台灣不只部分縣市圖書館買書預算越來越少，看到出版業的總產值，2010年有365億，2015年減少到192億，到2018年只剩190億元。

　　我的經驗是在職進修者，比較容易養成讀書的習慣與風氣，一來知道為何要讀書，二來有經濟能力可以支撐。而我比較喜歡用「閱讀」來取代「讀書」二字，感覺上比就沒有那麼生硬與刻板。

閱讀的動機與態度

我很喜歡跟學生分享自己在職進修的心得，希望能夠縮短他們摸索的時間，而這些結餘下來的時間，則可用來發展出有利於社會的新知識。

記得我在元大銀行金門分行擔任經理的時候，晚上在金門大學兼任教職，有一次聽同學們開玩笑說道：「金門大學是好山、好水、好無聊！在這個小島上，哪裡也去不了，根本沒有國際觀。」於是我也笑著問這一群同學，最近去圖書館是什麼時候？最近一次上美國管理期刊網站是什麼時候？最新一期的OJ特刊主要是探討什麼主題？這兩本都是等級很高的國際期刊，全世界頂尖學者最新研究成果，都刊登在這裡。也就是說想要建立國際觀，根本不用出國，透過學校圖書館的資源整合系統，就可輕鬆取得，而且完全免費，這樣豐沛的資源，請問有幾位同學去利用？同學們當場收起笑聲。

因為家窮，所以期望能透過讀書來尋求翻身的機會。自古以來，有太多案例告訴我們，這是一條行的通的光明大道，「十年寒窗無人問，一舉成名天下知」，這個句子，千百年來鼓舞了無數的學子。由此看來，讀書的目的，最終

究竟還是為了自己，只是應付考試的成分居多，而非真正能夠內化於日常生活之中。這一點也解釋了自古以來，許多科舉出身的官員，遭到人民批評：「不食人間煙火」的現象。

如何讀出屬於自己的知識

國父孫中山先生，在其所著《三民主義　民族主義　第一講》中，對於「主義」所下的定義是：「主義就是一種思想、一種信仰，和一種力量。大凡人類對於一件事，研究當中的道理，最先發生思想，思想貫通以後，便起信仰，有了信仰就生出力量。所以主義是先由思想再到信仰。次由信仰生出力量，然後完全成立。」我把它延伸為：「人要先學會思考，在思考過後就會產生目標，也才能養成達成目標的執行力與動力。」

我經常在課堂上，跟學生分享一個概念，那就是：「書本上的知識是別人的心血結晶，絕對不會變成你的，你的知識一定要經過自己的重新詮釋之後才會產出。」我很喜歡跟同事與學生分享學習心得與生活體會，尤其是把你的體悟寫成有趣的小句子：「當你蔥（衝）動的時候，想一下（薑）將來，通常就會想說算（蒜）了」，所以說蔥、薑、蒜也是

人生的調味料。這個方法，是我的博士指導教授李慶芳博士訓練我的方法之一——「把你的想法用一句話來表達」，透過這個方式可以用來鍛鍊自己「歸納」的功夫。反過來說，也可以利用這套功夫來「推演」，例如人生的調味料有哪些？蔥、薑、蒜，也就是延伸出三個重點或觀點。

理論與實務無法相結合，我覺得是無法將讀書與生活相結合，亦即懂得讀書卻不懂得活用，造成理論與實務無法相結合，因此，如何讓學生將書本裡的知識付諸實現，是教育工作者努力的終極目標。我個人的經驗，在職進修就是一條理論結合實務的光明大道，讓學生透過理論的研習與實務的操作，透過不斷地觀察、提問、思考，提出自己的論述，產出屬於自己的知識，最後達到我的老師李慶芳博士提出的，以理論來印證事務，透過實務來深化理論的境界，這是我一直以來所追求的目標。

我的領悟是：「自幼讀書缺甚解，只為考試翻百頁，今朝學成始通曉，書到用時重體會。」

CH 14
為什麼有溝沒有通？

　　曾經有一位主管在檢討業績時，講到激動處，對著台下的部屬脫口說出：「你們聽不懂人話是不是？……」。底下的部屬嘀咕著：「你把我們當畜牲，我們當然聽不懂人話……。」溝通，其實是一段建立共識的「歷程」，而不只是一個「點」，若你只想說服別人，接受你的觀點或理念的這個點，那麼往往會事與願違；也就是雙方若是只停留在一個「爭執點」上，其實很難達成溝通的效果，因為大家面子上掛不住，任誰也不願意退讓。一條不暢通的水溝，是無法發揮效能的，顯然是水溝中的某處有異物堵塞住了水道，有時還不止一處，因此，如何讓這條水溝可以暢通無阻，清除溝中雜物的功夫就很重要。而在職進修的好處，讓我學會了如何清理這條溝。

看見別人的美

　　我在就讀夜二專的通識課程中，老師曾經推薦我們讀一套《中國歷代佛教高僧傳》，其中裡面記載了一個小故事，讓我永生難忘。

　　北宋大文豪蘇東坡，被朝廷貶至江南期間與佛印禪師結識。蘇東坡信佛，卻又不喜歡和尚，初至江南時，聽聞佛印之名，便有心上門驗證一下。有一日蘇東坡與佛印禪師對坐，蘇東坡獨自高談闊論一番，而此時佛印禪師卻是一語不發，於是蘇東坡認定，眼前這個佛印定是個貪圖香油錢的俗僧，靈機一動便問佛印：「請問大師眼中，我是個什麼樣的人？」佛印回答說：「蘇學士是位有大學問，大修養之人，像一尊佛。」蘇東坡聞言，虛榮心頓時浮起，也更加看不起佛印，認為此舉只是在逢迎拍馬。正當蘇東坡得意之時，佛印開口問道：「那麼請教大學士眼中，老衲是怎麼樣的人？」蘇東坡大笑道：「你就是個草包，坐在那兒就像一坨牛糞！」而佛印聞言卻僅微笑以對。回家後，蘇東坡以此事炫耀，蘇東坡的妹妹不禁搖頭說：「人家佛印禪師心中有佛，所以看萬物都是佛。哥哥你卻說佛印像牛糞，莫非你心中全是牛糞？你的境界比佛印禪師差遠了。」

我的經驗是，想要有效溝通之前，必須先看見對方的美。當你的眼中把對手視為眼中釘時，你已經有了既定的刻板印象，坦白講結果肯定是「話不投機半句多」。但是若能以同理心的角度，站在對方的立場來思考，結果卻是出人意料的「酒逢知己千杯少」。誰說業績好的單位，業績一定是逼出來的？一個好的單位，根本就不需要逼業績，端看領導者如何帶領員工，只要這條溝是通的，相信我，一道命令下去，大家二話不說貫徹執行，績效自然而然就會展現，過程反彈也會變得很少。

人與人之間是哲學問題

　　有一則笑話是這麼說的：「讀法律的基本假設，是把這個人看成是壞人，然後再透過舉證自己是好人；但是念哲學的基本假設，是怎麼看都看不出來這個人是壞人。」立墩公司彭振爐總經理教我一個觀念，他說：「人與人之間的相處是哲學問題。」不是數字或規範可以拘束或控制的，有時候一個小小的問候或關心，員工回報給公司的遠超過想像。

　　當我們在進行管理工作的時候，常常喜歡使用「數字管理」這個名詞，然而「人」與「數字」不全然僅是線性關

係，這中間存在許多有待溝通之處。溝通的好，數字成為組織挑戰的「目標」，溝通不好，數字則會演變成為打擊士氣的「工具」。因為人與人之間還有信任、感情、義氣與相挺等等，而不是只有數字。台灣民營銀行普遍以「業績達成率」連結「獎金」，這種方式最快速也最有效，重賞之下必有勇夫，坦白說，員工百百款，有人「愛錢」但也有人「愛閒」。我常在想，為何國內銀行員不當銷售與盜用客戶存款層出不窮，金融海嘯也從沒停過，試想在一個信任破產的金融市場，除了人吃人之外（不是銀行員達不到業績目標被逼離職，不然就是客戶亂買金融商品而賠錢），數字教會我們的還有什麼？雇主與員工之間，員工與客戶之間，客戶與雇主之間，其實從來就不只是「數字」這麼簡單。

如何有效的溝通

首先，不急著說服別人！先了解對方的立場。台灣全恆土地開發公司的洪議雄總經理，跟我分享他處理持分地的心得：「地主三兄弟都已經82歲了，大家都覺得賣祖產很難聽，但是你現在不處理，將來一代代繼承下去，持分的人越來越多，這塊土地就毀了，後代子孫的感情反而不好，相信

我，這塊土地最後只會留下一間破房子，因為誰也沒有權力動它，所以覺得我處理這些都是在做善事。」也就是說想要突破心防，必先將心比心，設身處地為對方著想。

其次，先動之以情，再道之以理。若無法取得對方情感上的認同，是很難談出一番道理，就如同師長或是父母對小孩只是「說教」，而不去了解小孩心裡的想法與心聲，那麼再多的大道理也只是空談，小孩子怎麼聽的進去？在職場上，上司與下屬也是一樣的道理，若上司一心僅想達到年度的盈餘目標，卻不管下屬的困難與死活，那麼關係就僅止於「獎金」之上，一旦沒有獎金，什麼都免談，這就是時下許多職場上的利害關係，不過就是建立在「現實」二字。

最後，利弊得失不急著下定論，套一句電影台詞：「讓子彈飛一會兒！」溝通的成效，往往很難立竿見影，操之過急，往往只會產生反效果，閩南語俗話說：「吃緊弄破碗！」定論需要時間的醞釀，這樣的結果才能讓人心服口服，太急著做出的定論，事後很容易隔天就反悔。

誠懇待人的溝通（銷售）方式

我想舉一個真實的例子，詹靜娟小姐是我在華泰銀行高

雄分行服務時共事的同事，她是一位既老實又乖巧的女孩，平時話不多，總是默默地做好自己存匯櫃員的工作，我平常喜歡用閩南語稱呼她「阿娟」。

　　阿娟沒有好口才，也不太主動與客戶搭訕，但是我發現只要他開口向客戶推銷儲蓄險，10個有8個會成功，這件事我一直很納悶。於是我開始偷偷觀察她，究竟是如何向客戶推銷保險。有一次，一位中年婦人臨櫃辦事，阿娟拿出保險公司的DM向她推銷，當時法令還沒規範，銀行櫃檯不可以推銷保險，於是我偷偷地聽她是如何向客人說明保險內容，只見阿娟輕描淡寫的說明重點，不時還提醒她提前解約會扣違約金，如此一來本金就會變少，只見這位中年婦人猛點題，最後同意購買該險種，沒想到阿娟竟然說：「不行啦，你只是聽我講，內容都還沒仔細看過，你回去跟妳先生商量一下再決定，確定要買再過來！」聽到阿娟這麼說，我差一點沒昏到，都已經到嘴邊的肉，竟然還把她送走。在我的認知裡面，除非客戶當場簽約，否則一旦等到回家後，通常就會反悔了。沒想到，幾天之後，這位中年婦人，真的帶著她的先生來銀行簽保單，這個客人的舉動，顛覆了我過去對於金融商品銷售的認知。

　　阿娟的銷售過程，讓我學習到，原來真正的溝通是不勉

強對方，尊重對方的立場，對方自然而然就會感受到我們的誠意，若是無法成就，也不必強求，總比「當場答應，事後反悔」來的好。真的很高興有這個機會，讓我跟這位善良的同仁共事，我在阿娟身上得到的啟發是：「老實的人溝通靠一顆心，取巧的人溝通靠一張嘴。」

CH 15
主管有什麼了不起？

　　當主管真的沒有什麼了不起，但是要想當一個了不起的主管，祕訣之處在於他的口袋中永遠有答案，當員工需要援助時，就像多拉A夢的口袋一樣，永遠有道具可用，此舉讓員工在工作當中，保有高度的「安全感」，也是成功主管的指標，我個人覺得這也是主管的了不起之處。

當主管沒有什麼了不起

　　在職場上，除非你是自己當老闆，否則很難擺脫自基層做起，於是有「基層」當然就會有「高層」，這裡指的高層並非真正的老闆，而是公司中的主管職。這些「主管」職的人雖然不是老闆，但是卻握有生殺大權，所以成了組織中有權力發號司令的人。一個人一旦握有權力，身邊的人，自然就會多了起來，有真正認真做事的、有阿諛奉承的、有逢迎拍馬的，當然也少不為了求表現的。

由於這種職缺握有權力，因此，對於組織來說就關乎成敗，好的主管就像一頭獅子，可以把綿羊組成一個戰鬥團隊；不好的主管，就像是一頭綿羊，會把戰力堅強的獅子團隊毀於一旦，所以古人說：「主將無能，累死三軍。」因此，一位好的主管，是不容易培養或發掘，《東周列國志》有云：「史臣論秦事，以為『千軍易得，一將難求』就是這個道理。

擔任主管其實也沒有什麼了不起，代表責任的加重，代表你要照顧的人變多了，代表你不再是一人飽全家飽。然而，有些人一旦升任主管後，馬上變了一個樣，講話變大聲了、喜歡指揮東指揮西、喜歡搞小團體、喜歡聽好聽話，所以基層員工敢怒不敢言，通常脫口而出的一句話就是：「當主管有什麼了不起？跩個屁啊！」

時也、命也、運也，有時候無關「能力」也

在銀行業流傳著這麼一個笑話，有一天一個面露凶光的中年男子，氣沖沖地走至銀行營業廳的櫃台，對著員工一陣咆哮，過程中，櫃台後線的主管一直趴在地上找尋原子筆，說來也真神奇，當這名男子離去時，這位主管也剛好找到這

枝原子筆，還若無其事地問大家，剛剛發生什麼事了！於是大家都很懷疑，他究竟是怎麼升任主管職務。

其實銀行主管的職缺，並不是績效好的人就會升任，往往是最讓高層「放心」的人。這一點，很多職場新鮮人想不透，甚至對此忿忿不平。在職場上，有人是有很強硬的後台，譬如說是老闆或董、監事的親戚，也有人是有靠山的，譬如說是董事長或是總經理的同學、學弟妹或是愛將，也有人是運氣好，剛好輪到他，我還遇見過更離奇的事，一位總經理在人評會上，一時興起，突然多晉升了兩名主管。但還是有人汲汲於追求升遷，卻苦無機會，從此而鬱鬱寡歡。

其實能否勝任主管職，並非完全依賴能力，這一點必須先自我心理建設，而在職進修的人，比較可以看開這一點，原因無他，心想總比當工讀生好吧。有了這種心理準備的人比較不會患得患失，因為職場不如意時，可以將心思放在學術上，專心讀期刊、專心做研究等等，如此一來可以完全移轉你的焦點，不會像一般人，一直在問題上鑽牛角尖走不出來，所以在職進修的好處真的很多。

並非每個人都適任主管職

我自己帶兵多年的經驗，部隊上戰場，鼓舞士氣最好的方式是給士兵「希望」。舉例來說，以前我在戰搜連服役擔任士官長，每次部隊跑5,000公尺時，歷任的連長都指定要我壓隊（跑在部隊的最後方），一旦有人落後，我就會陪在他的身邊提醒他：「想像一下，堅持到終點就可以放一天榮譽假，想像一下，就剩下4,900公尺了……離終點不遠了，喊出來，我要放榮譽假……」？然後落後的士兵，在一陣大吼大叫後，不一會兒，落隊的阿兵哥就會很快趕上部隊。我的經驗是，適合當主管的人，通常都會喜歡主動解決問題。

我在擔任銀行信用卡部經理的時候，轄下400多名員工，就曾經遇過主管自動請辭主管職，這位主管失落地告訴我，他寧願降調為分行的行員，也不想要在這個單位擔任主管。很多人往往當上主管之後，才發現這個職務並不容易。這位主管的問題是，個性內向，不愛與人交談，常常遇見需要他做決策時，就開始舉棋不定而且緊張，擔心決策錯誤時該怎麼辦，於是部屬們開始不耐煩，緊接而來的就是背後言語上的消遣與恥笑，這些員工的行為反應，看在他的眼裡，讓上班時間度日如年。

另外一種型態，也是在職場上經常可以遇見，俗稱的三張主管，即「遇到員工很囂張，遇到老闆很緊張，遇到問題很慌張」。這種人其實也不適合擔任主管，這些問題大多出在於主管與部屬間的距離，就是有些人升了主管之後，就忘記自己當基層員工時的感受。而在職生的好處是對下屬比較能夠將心比心，因為自己也是苦過來的，所以多了一份包容也較為務實，這一點很重要。

了不起的主管做了哪些事？

一個主管是不是了不起，通常是由其直屬的員工來評斷，也因為是當事人的緣故，這個評價才夠真實。時下銀行經營不易，大部分的經營者，多採取撙節費用節省開銷來因應，例如將業務人員的交通津貼，由1,500元減為1,000元，這個措施表面上看來，為銀行一年節省幾萬元，殊不知影響基層士氣的損失，恐怕難以估計，試想一個業務人員，如果能夠每個月幫銀行多收1萬塊的手續費，1年就有12萬，其所創造的價值，豈是每月減少500元所能比擬的？也因此，這種只顧眼前數字的主管，在基層員工的眼中與心中，往往不會是一個「了不起」的主管，而且一個組織當中，這種主管的人

數越來越多，久而久之形成一種組織文化，這個組織的績效就再也「起不了」。

　　舉例來說，頡懋建設施聿福總經理的為人處事，讓我看到一個企業主是如何「捨」與「得」，他說：「與其要東摳一點、西摳一點，省成本，還不如加發獎金鼓勵員工，替公司創造更多的價值，你獎金肯給，他就會肯拚命，我賺10塊分你3塊，OK啊！沒有你，我連1塊都賺不到，更何況我還多賺7塊。」但是實務上，並不是每個經營者的觀念都是如此。我看過一些經營者自以為節省到成本，像是扣減業務人員的津貼500元、1,000元，卻沒去思考這個舉動影響士氣的後果有多嚴重，因為這些業務人員，正是在第一線為了公司賺錢的人。如同施總經理所言，只要你有本事提振士氣，隨便一個業務人員，幫你賺回來的都不止這些。

　　前華泰銀行副總經理林乾宗先生，還在擔任台新銀行南區法金中心經理的時候，97年發生亞洲金融風暴，高雄市許多大型建商，一夕之間倒閉，各銀行哀鴻遍野，當時一早來打開報紙，就是建商倒閉的消息，那是我銀行員生涯，第一次吃倒帳，大夥都擔心緊接下來的懲處，我記憶很深，當時林經理在早會時對著大家說：「你們每個人只要把自己分內的事情做好，如果總行要懲處，我會負全責，大家

不必擔心，只要我們在授信的過程問心無愧，該做的都有做……。」

　　我的感想是：「了不起的主管存同理心，起不了的主管存得失心。」

CH 16
養成追逐目標的習慣

　　技職體系的學生，早在校園中，就已經有了體認，專業證照會是未來在職場上安身立命的憑藉，因此，目標就變得很明確。好處是能夠養成追逐目標的習慣與樂趣，一旦養成習慣後，就會樂此不疲。以我在銀行業為例，手上至少就有15張，而且還在增加中，或許你會問，當上銀行的經理還需要一直考證照嗎？我的回答是因人而異，因為已經養成習慣，所以當金融研訓院推出新的證照時，總是會想要考一張起來放，於是「專業證照」就成為了收藏用的「戰利品」，而這種樂趣只有當事人能夠體會。

目標是誘發行為的催化劑

　　這裡所指的「目標」，是一種自己期望的結果，而且是有達成的可能性。目標有長、有短，因人而異，短期目標可以讓你當下的行動，變得更為明確，長期目標更可以讓你的

人生，過得更加充實更有意義。

　　目標確立之後，自然就會產生想要達成目標的動力，引發行為動機。有人說目標是用來規劃未來，而我的經驗是：「目標現在就會影響到你的態度與行為。」就像我常跟學生分享，一個親身經歷的行為改變：「年輕時的開車習慣，通常遇見黃燈就會趕緊衝過去。結了婚有小孩後，老遠看見黃燈就急忙踩煞車。」因為我很清楚，我現在的人生目標是要養家餬口，所以不可以冒險，萬一出車禍，老婆小孩怎麼辦？所以開車要小心。這就是目標會改變行為的實例。

　　而在職進修的好處，就在於此，通常在職生對於目標的確立，會來的較為明確，例如期中考、交報告、期末考等等，一個學期總要來個數次，每一個報告或考試，都會有一個固定的時間，為了應付這些作業，你就必須妥善分配時間，什麼時候該準備報告？什麼時候準備考試？先後順序為何？釐清這些之後，才能開始進行時間分配，最後思考如何節省時間，以提高「效率」與「效能」，我把它稱為「高效率讀書方法」。

一種解決問題能力的養成過程

從挑戰目標的過程中，培養出自己的能力與企圖心。管理學院的學生解決問題，通常離不開「效率」與「效能」兩件事，而能力的養成，絕對不是一朝一夕，當然也需要歷經無數次的失敗與考驗，才能從中獲得經驗。只是有些人能夠從失敗中汲取教訓，累積成為正向能量；有些人卻是好了傷疤，就忘了疼，日復一日，仍然腦袋空空，船過水無痕。

我建議讀者要珍惜每一次的挑戰，因為這些挑戰的背後，都隱含了一個很好的成長機會，讓我們透過解決問題的過程，累積自己為人處世的能量。尤其是過程中的困難與失敗，都可以讓我們透過不斷地反思，來讓自己更精進。

因此，應該要重視解決問題的過程，而非僅是關注結果。成與敗有時候影響因素很多，甚至有時候連「運氣」也有很大的關係。在這個地方我要提醒讀者一件事，那就是目標的確立，不宜同時太多個，「多重目標」容易造成注意力分散，畢竟一個人的能力與體力是有限度的，就像是一雙手能夠舉起的重量，總是有一個極限，不可過於勉強，以免適得其反。

累了嗎？喝了再上──談續航力

　　後繼無力，往往是挑戰目標最艱難的時刻。很多人都是心血來潮，或是一時興起，但是一旦遭遇到困難，就開始裹足不前，三心二意。此時，我的經驗就是一帖「良師」的藥方。一位好的老師絕對可以提高你的續航力，然而，這株「藥草」，還是要看看你平日是否有好好的照料，意指是否有與老師保持聯繫，而在職進修就是一個和老師保持聯繫的最佳管道，學校就像是一座大型的「藥草種植場」。

　　舉例來說，我有一個客戶的兒子，就讀某國立大學的博士班，從小都是就讀第一志願的學校，一路過關斬將念到博士班，就在博士班五年級的時候，突然吵著要休學，父母心急如焚，拜託我幫忙勸一勸，就在深談之後才發現，原來跟我一樣，卡在期刊論文一直無法過關，於是心生放棄的念頭，我與其分享經驗，小弟在下我，博士班唸了七年半，希望他能堅持下去，然而，此時的他已經心灰意冷，一心只想投入職場，他說不想再過這種只能向父母伸手要錢的日子，他已經決定不唸了，我也只能對他的父母說：「很抱歉，太遲了。」

　　想要達成目標，續航力真的很重要。若無法堅持初衷，

最後往往是前功盡棄。而在職進修的好處就同如上述，學校的資源遠超過職場很多，老師永遠會為自己的學生加油，而且不求回報。或許你會問我為何如此篤定，因為我現在也成為一個老師，橫跨產、學兩端的「大學兼任助理教授」，我希望我能像恩師楊敏里博士與李慶芳博士一樣，隨時為學生照亮人生大道，讓學生可以暢行無阻。

培養出追逐目標的樂趣

我覺得困難的苦差事，就應該要想辦法從中「找樂子」。如此一來才會越做越有趣，就像是鄉下的野菜「龍葵」（又稱黑籽仔菜），那種先苦後甘的神韻，箇中的美妙，只有吃過的人才會了解。

我曾經在報紙或是雜誌上讀過，好像是說有研究報告說大腦有個特性，就是感到快樂的時候，就會轉特別快。我覺得相當有道理，這也就能解釋我們家小兒子的行為，打英雄聯盟時就眉開眼笑，叫他去算數學就給我擺臭臉。

因此，我常跟學生分享，追逐目標的樂趣就像：「汪星人喜歡追飛盤，喵星人喜歡逗貓棒。」

很多主管都忘記當他還是小職員時的初衷……

下半場

CH 17
生命中的貴人

　　曾經有一個客戶告訴過我一個祕密說：「耳朵有長出毛的主管最好，因為這種人會福蔭部屬。」我覺得這種方式，似乎是辨識貴人最簡單的方式，然而，後來我發現這種人並不好找。或許讀者們想問：「貴人這種玩意兒真的存在嗎？有用嗎？」我的經驗是：「縱使自己再怎麼努力，沒有貴人相助的話，最後還真是很難成事。」然而，茫茫人海，究竟要去哪裡，找到自己的貴人？要用什麼方式才能找出貴人？其實，在職進修就是學習尋找貴人的最佳修煉管道。

什麼是「貴人」？

　　常聽人說，人的一輩子不過就是：「一命、二運、三風水、四積功德、五讀書，六名、七相、八敬神、九交貴人、十養生，十一擇業與擇偶，十二趨吉要避凶。」我認為「貴人」就是對自己有幫助的人，那怕是敵人；廣義來說，只要

能夠讓我們產生「正能量」的人，都可算得上是貴人。

　　當我還在銀行擔任工讀生的時候，有一回我發現銀行存摺的顏色不一樣，而上面的帳號排列也不一樣，於是我就請教一位櫃檯的存匯人員，沒想到他只是冷冷地回我一句：「你只是一個工讀生，不需要懂那麼多！」當時我漲紅著臉，站在旁邊，一句話也說不出口，那種丟臉的感覺，一直到現在都還很深刻。不過，現在想起來，我真的很感謝他，點燃我心中那股不服輸的鬥志。

　　也就是說貴人不只是能提供正面能量，有時候反而是上述例中之人，這種貴人所帶來負能量的刺激與激勵，會比一般的正能量來的更強大。《孟子‧告子下》孟子曰：「故天將降大任於斯人也，必先苦其心志，勞其筋骨，餓其體膚，空乏其身，行拂亂其所為，所以動心忍性，增益其所不能。」

學校的貴人與職場的貴人

　　學校的貴人提供學術上的指引，社會上的貴人提供實務上的協助，而兩者同時也提供我們，在人生旅途的過程中，所需要的常識與知識。而在職進修者每日穿梭在「學校」與

「職場」，兩個截然不同的場域中，自然是閱人無數，這一點與在職生相較，自然是有過之而無不及。而持續在職進修，即是持續修練這門閱人的功夫，久而久之，內力自然與日俱增。

在學校的貴人中，往往是從一位好的老師說起。就以我自己為例，在就讀二專夜間部時，受到貴人楊敏里博士的啟蒙，這才茅塞頓開，自此一路從在職進修唸到博士方才罷休。在職場的貴人中，亦往往是從一位好的主管說起。再次以我自己為例，在台新銀行七賢分行服務時，受到貴人林乾宗經理的提攜與牽成，這才立定志向，自基層員工一路晉升到總行主管。

從閱人無數當中，觀察到辨識出貴人的重要性，此舉如同在人脈中找資源，意即哪些人是對我有幫助的？請讀者注意，這裡所講的「有幫助」，並非單指物質上、看得見等，等實質上的幫助。20年前，我還是一位基層行員時，有一年尾牙前的致詞，台新銀行吳東亮董事長勉勵員工說：「希望我們台新銀行的員工，都能創造出能夠被利用的價值……」這句話影響我的觀念很深。每當遇見有人訴苦自己被主管利用、被同儕利用時，我就會接著恭喜他，並反問：「顯然你是一位人才，試問要不是你確實有兩把刷子，這些人要如何

利用你？所以你要高興才對，只是下一次要聰明點，不要輕易露餡。」在聽我這麼一說後，對方多半以會心的一笑收場。

尋找貴人的方式

「傾聽」是尋找貴人的起手式。從他人口中說出的字字句句，隱藏著許許多多的人生智慧，沒有傾聽，如何從中發掘寶藏？「互動」則是表達善意的開始，喜歡與人接觸與互動，才有辦法產生「共鳴」。我常喜歡舉一個例子：「貴人就像是寺廟前的那一口鐘，我就像是拿著大棒槌的出家人，大棒槌不撞鐘，如何產生令人蕩氣迴腸的鐘聲？」

在一次中秋連假後，返回台中的高鐵上，排隊等候自由座的長長人龍中，有緣結識了家住台北，經營光電業的蔡燕龍大哥，我們交談了約1個小時，他教我：「人，原諒自己很簡單，但是要原諒別人卻很困難，因此，我們要學習用原諒自己的心來原諒別人。」他還說：「像你這種年紀已經是『安居』了，就是有家庭、有孩子、有房子，接下來就是要朝向『樂業』邁進，就是要快樂的工作，同時也讓那些為我們工作的人，也能快樂的生活。」他還跟我分享，將公司部

分股份贈與資深員工的作法，讓我深感佩服。

　　也就是說，貴人其實就在我們日常生活的周遭，只要我們能夠細心觀察與體會，然後願意傾聽並與人保持互動，你會發現當你一個棒槌打下去，周邊隨即響起陣陣充滿喜樂的鐘聲。

學習成為別人生命中的貴人

　　當我在華泰銀行，擔任彰化分行經理的時候，大村鄉的一位水電行老闆賴慶聰先生曾經教我：「愛拚才會贏是出傻勁，聰明的人應該是會贏才要拚」。雖然對賴老闆來說這只是一句玩笑話，但是對我來說卻是一句充滿哲理的人生名言。也就是三思而後行，在商場上拼鬥之前，一定要先評估一下自己的實力。

　　華泰銀行董事長賴昭銑先生曾經當面提點我：「放款業務做成了，不要高興的太早，幾年之後，你可能會後悔說，早知道當初就不要做。放款業務做不成，也不要太氣餒，幾年之後，你可能會很高興的說，還好當初沒有做。」意思是指銀行放款之後，客戶會不會倒帳都還是未知數，不必高興的太早。這件事讓我對於放款業務不再患得患失。

林乾宗先生在擔任台新銀行七賢分行經理時，有一回請我幫他傳真「講師證」影本至空中行專的辦公室，當時我好奇的詢問「講師證」是什麼？林經理就很大方地對著我們辦公室裡的4個年輕人說：「你們有機會一定要去把研究所唸完，拿到碩士學歷後，找個大學或專科學校兼職教書，接下來就可以請學校幫你申請講師證，以後這就會成為你的第二專長。」這個啟發從此改變了我的人生，因此，直到現在，我都非常感念林乾宗先生的恩情。現在我也經常藉此鼓勵同事，希望我也可以成為別人心目中的「貴人」。

CH 18
讀書有用論

　　在職進修的好處是工作離不開書本，書本離不開工作，可以說是透過在職進修，來增進自己在職場上的競爭力。在我15年在職進修生涯，認識的同學當中，雖然考試成績有高低，但是可以說，幾乎沒有「書呆子」，因為這些人大多是有明確目的，才來讀書。我經常喜歡在任教的高雄科技大學進修學院新生的第一節課，玩一個小遊戲：「在座的同學有沒有父母逼你來念書的，能不能麻煩您舉一下手。」通常台下的學生都會莞爾一笑，然後我就是斬釘截鐵地說：「所以你們都是自己心甘情願，花錢來找罪受的！」語畢，台下必定笑成一團，每年都一樣。

讀書有什麼用？

　　狹義的讀書，指的是在學校接受正規的教育，學習制式的基礎知識。廣義的讀書，則是泛指書本所提供的各項知

識。也就是說，真正的讀書並不僅限於校園之內，閱讀任何能夠讓我們學習到新知識的書本，都可以算得上是讀書。所以俗語說：「開卷有益。」只要是多讀書，總能對人生產生一些好的助益。

那麼讀書究竟有何用？這是個大哉問的老問題，古人云：「書中自有黃金屋，書中自有顏如玉。」但是很多人反駁這種論點，我就曾經遇過一位國立研究所畢業的同事，他經常抱怨自己當年被騙去唸研究所，結果到頭來只能當個小行員，薪資太少、職等太低、大材小用的怨言，反映出他對於現況的不滿，顯然對這一位同事來說，讀書（學歷）的用途並不高。

以上這個例子，普遍呼應主張「讀書無用論」的支持者，可能是學校教的知識與社會脫節，造成當事人感覺到，學校教得學問派不上用場。例如經常會有人開玩笑說，市場買菜用不著微積分。確實也是，學校教的太多知識，在日常生活中並不常派上用場，然而，對於一些高科技的專業領域來說，微積分卻是基礎知識，例如計算出登月太空梭的軌道。所以說讀書要有用，不但要讀對書，知識還要用在對的地方。

不讀書的人成就真的比較高嗎？

我們經常可以在報章雜誌上，看見一些白手起家的故事。這些故事有意無意，都會凸顯當事人沒有高學歷，或是從小輟學等等。結果讓人誤以為這些成功的人，都是不喜歡讀書的人，其實這真是個天大的誤會。

我喜歡推薦學生去欣賞，一部大愛電視台的電視劇——《菜頭梗的滋味》，劇中主角之一，人稱「二林皇帝」的洪絲條先生。洪先生雖然出身江湖，可是他對於讀書非常嚮往，劇中有一集演他在讀《論語別裁》的情境，從這裡就可看出，能否讀出自己心中的體會，才是讀書的重點，然後這個重點是否能夠影響你的認知與行為，進而產生或發揚光大知識的效用。所以說讀書有沒有用，端看當事人對於書中知識的體悟，而非知識的本體或樣態。

愛讀書並不表示在學校成績很好，在學校成績很好，也不表示這個人就愛讀書。而愛讀書或許不一定可以讓你成為一個賺大錢，或事業有成的人，但是不讀書肯定會讓你成為一個只知賺錢，不懂生活與生命的工具人。我的結論是：「不讀書的人生，終將一事無成。」而這裡說的讀書，與學歷無關。

一種完全操之在我的成敗

　　當你無法靠社會關係，跟別人進行公平競爭的時候，相信我！這時候讀書反而是最容易上手的一件事，例如別人有背景、有關係，但是你有專業證照，以銀行業來說，沒有證照就不能做的事，就算你是銀行董事長的兒子也沒有用，因為主管機關銀行局就是不准，做了就是犯法，輕則罰款了事，重則牢獄之災。所以我說讀書是完全可以掌握在自己手裡的利器。

　　我遇過許多創業有成的人，最後還是選擇回到校園拿起課本。問他已經事業成功，為何還要如此多此一舉，遇到的回答多半是「回來充電的」！這些人已經在社會打滾了大半輩子，甚至有些人已經是老闆或是老闆娘，學歷對他們來說其實加分不多，然而，為何這些人還願意花錢、花時間來進修？我把答案歸納為「活中學、做中學、錯中學、思中學」。

　　其實讀書的功能，並不只是在於考試，最重要的對於透過書本知識的理解，提升自己思辨的能力。一旦思辨能力獲得提升，對於事物的理解與認知，往往能夠超乎一般人，例如可以很快的抓出重點、釐清問題的本質，以及覺悟做人的

道理等等。知識除了可以提高自己職場上的競爭力，更可以讓自己的人生過得更美好。

修練出「知行合一」的境界

我不知道，人有沒有前世、今生、來世，但是我確定，有昨天、今日與明天。而讀書的功能之一，就是投資自己的「未來」，就是相信「明天會更好」。也由於對於未來存有一種期待感與希望，就像是綁在兔子眼前的胡蘿菠一樣，激勵我們不斷地向前，開創我們的人生價值。

選擇在職進修的好處，是讓我們可以在「學校（知）」與「職場（行）」兩者之間，反覆的進行思辯與印證，其中透過思考能力與批判能力的提升，最後讓我們修練成「知行合一」的境界。這一點印證我的指導教授李慶芳博士常說的：「透過理論來印證實務，透過實務來深化理論。」

我個人的經驗是，知行合一後，方能超越自己，亦才能朝向更高的境界邁進，進而持續開創出個人生命的新價值，然後利益家庭、公司與社會。所以結論是在職進修可以讓讀書變得更有用。

我的感受是：「有人讀書重實用，有人讀書沒路用，問我讀書有何用？端看自己怎麼用！」

CH 19
一個有能力幫部屬排除困難的主管

當我成為一個小主管之後,所面臨的第一個難題是,如何幫下屬排除困難?這個問題看似簡單,實際上執行起來並不容易。尤其是當這項「困難」,來自於公司的「高層」或是「政策」時,會再加上來自跨部門,一些的陽奉陰違或是落井下石的阻礙,處理起來更是難上加難。然而,一旦困難被有效解決後,緊接而來的回報將是「擄獲民心」與「士氣大振」,可以說:「解決痛點,即是亮點。」

主管的功能

主管往往肩負著完成組織目標的責任,因此,主管具有「領導」與「管理」的雙重功能。坊間許多管理書籍之作者主張:

「主管必須學會適時放手,因為主管的任務應該是領導團隊達成目標,而不是事必躬親、凡事都要自己主導並參與

其中，如此一來才能讓部屬養成獨立作戰的能力，進而學習與提升其解決問題的能力並從中激發出潛能。」

理論上這一些主張並沒錯，然而，作者們普遍沒有說清楚，主管的位階其實有高低之分。在實務上，一個中、低階主管若無法獲得軍心，那麼以上的這些論述，最後多半淪為紙上談兵的空話。

我覺得當一個主管，最重要的工作應該是，替部屬排除障礙與解決困難，好讓他們的才能得以發揮，理想得以實現。「跟我來」是我在唸陸軍第一士官學校時，士官的信條，指的是打仗時，士官務必身先士卒，帶頭衝鋒陷陣，成為班兵的表率。因此，一個基層主管若是與部屬保持距離，那麼應該很難取得部屬的信任，因為你根本就無法理解他的感受，更不要說站在他的立場來思考。

排除困難的能力

在職場上，有一些問題並非當事人可以解決的，尤其是需要節節制衡，或是跨部門溝通的大企業。以銀行業為例，當授信業務人員所提出的授信案，屢屢受到審查部門的挑剔甚至挑戰時，業務主管或是單位主管，若無法及時協助其排

除問題，那麼這些業務人員的士氣，在屢受打擊的情況下，這個分行的獲利必定每況愈下，最後組織必然分崩離析。

更進一步應該說，要「有能力」達到上述的工作，或許您會問：「一樣是主管，在職生與全職生哪裡會有區別？」我想在這裡並非貶低全職生在職場的表現，其中的差別在於，在職生接觸職場較早，尤其經歷過基層歷練的人，比較具備理解「將心比心」的換位思考邏輯，也就是說比較能夠「理解」部屬的困難所在。而這正是排除障礙能力的第一步，緊接著就是「低調協調」與「有效溝通」，這兩項更是排除困難的主要能力。太高調的協調，往往會讓人產生強勢、主導與指揮的刻板印象，私底下先溝通，檯面上再高調感謝各單位的協助，也就是「捨面子、得裡子」的做法。

而排除困難是一件吃力不討好的工作，很多職場的主管不願意去碰，這種吃力不討好的工作，萬一處理不好，反而會在部屬面前沒面子。然而，越不願意處理問題，處理問題的能力就會越差，這是必然的結果，俗話說：「熟能生巧」，在職生對於這句話的體會，肯定更深刻。也因此，練就協助部屬排除障礙的能力，就成了在職進修生在職場的競爭力。

先「捨」之後才會有「得」

　　一個能夠幫部屬排除困難的主管，除了必須「排除困難」外，還必須要能夠做到「傳承經驗」給部屬，如此一來，才不會到頭來自己疲於奔命，反而造成反效果。分享與傳承能力，最能展現管理者的胸襟，許多職場的主管為了保持自己的競爭力，往往會有「留一手」的行為。其實這種做法只是在自我安慰，實務上是行不通的，要知道科技日新月異，江山代有才人出，就如同我的老長官林乾宗副總經理說的：「有本事的人就像一隻錐子，縱使被麻布袋包了起來，總有一天還是會穿破袋子露出尖端。」

　　讓部屬知道，你願意和他一起並肩作戰，一同面對問題、一同解決問題，其實是一件很有意義的事。可是這種行為，在某些人眼中，卻相當不以為然，直言這根本就是在「討好部屬」！這個評語出自於，批評我的一位銀行的高階主管。我覺得只要是有「人」在的地方，就一定會有「人情」存在，而人情的產生，往往來自於「互動」，也就是說，當別人感受到我們的誠意後，才會影響他的態度與行為，甚至改變既定的印象與認知，因此，我們必須有一項認知，那就是先「捨」之後才會有「得」。

在「捨」與「得」之間的取捨並不容易，你先幫部屬排除困難，部屬自然幫你賣命，相信大部分的主管都懂得這個道理，但是並不是每個人都能做到，因為想要排除困難是必須付出代價，這些代價有時候是「唇舌」，有時候是「心力」，有時候是「金錢」，這個時候就考驗著主管能不能「捨」了。我曾經共事過一位主管，家中經濟全由夫人打理，也就是「凡事皆可談，唯有錢字難」，因此，每每遇到需要金錢處理時，往往就無法成事。

成為職場上的救援投手

細數我的職場生涯，工作的場域從高雄、台北、金門、彰化到台中，每次總行有任務需求的時候，長官就會想到我，然後完成任務後再返為高雄，多年來練就一身職場救援的功力。在學校，我不是成績名列前茅的學生，但我是一個很認真的學生；在職場，我不是績效卓著的員工，但我是一個忠誠度很高的員工。因此，我覺得「待人」與「處事」的道理是相通的，套一句部隊的粗話：「什麼人玩什麼鳥！」

我的心得是：「捨去自私利，得來眾人財。」

CH 20
理論與實務結合的實踐者

「學以致用」是學術界作育英才的目標，同時也是實務界的殷切期望。然而，「學」與「用」之間的落差，卻又經常成為人們詬病，教育不能接地氣的焦點。經常有人會提出一種觀點：「理論說起來很簡單，等你到現場之後，就會發現根本就不是這麼一回事！」因此，在職場上，主張「理論無用論者」比比皆是。依我的經驗來說，在職進修制度，就是解決學用落差最好的方法。

「學」與「用」

「理論」是前人的智慧結晶，是一種經過多次驗證的原理與原則，因此，學習理論可以幫助我們，釐清既有的基礎知識，同時也有助於我們用於解釋、描述、預測，甚至批判實務現象。「實務」則是透過實際操作的經驗，不斷的更新、累積、歸納相關知識，並透過長時間的經歷過程，最後

形成一種有組織的推理或論點。

　　舉例來說，當我們用經濟學的供需法則，來解釋價格變動時，理論上來說供給不變，需求增加，價格應該會上揚。然而，台灣大學學生錄取的名額少，想要報考的人多（名額少、多人搶），照理講學費應該要很貴才是，實際上則不然，台灣大學的學費遠遠低於私立大學。此一實務現象就不是僅僅供需法則可以解釋，還必須考慮到國立大學的社會地位、錄取分數的門檻等等因素。因此，如何縮短學用之間的落差，自然就成了令人注目的焦點。

　　其實「理論」（學）與「實務」（用）兩者，不但是互為表裡，而且是相輔相成。實務的背後隱含著諸多理論的原理原則。理論其實不是一成不變的，理論的使用也必須考慮到時空背景的不同、環境、文化甚至價值觀等等因素，而且必須視狀況來調整。而在職進修的好處就在這裡，在職進修者同時身處學校與職場，在理論與實務兩端穿梭，如此一來，剛好可以解決，兩者之間去脈絡化的問題。

學用落差的原因

　　理論與實務存在落差的概念，由來已久。一般來說，通

常是角色的扮演不同，例如：教學者與實作者不同、學者與老闆不同、專家與主管不同等等，因此，造成觀念不同、著眼點不同、認知不同、觀點不同，可能就連興趣都不同，例如學者醉心於實驗研究，而老闆滿腦子只想賺錢。

其實理論並無法全面解釋實務，然而，實務者卻過度指望，能夠透過理論來解決其面臨的問題，一旦無法適切地解決實務問題時，便淪為落差的批評，經年累月下來，職場的複雜性，往往會讓實務者不自主地，對理論產生不信任或甚至排斥。

我個人認為學用的落差，是當事人對於理論與實務的認知，過於片面、狹隘或極端的認知所致，意即其實是當事人，「不懂理論的應用，並非理論沒有用」。我個人認為這就是學用落差最主要的原因之一，因此，若想要解決學用落差的問題，應先理解「學以致用」並非一個點，而是一個面，一條漫長的旅程。

「學以致用」是一種過程

俗話說：「活到老，學到老。」學習是如此，工作也是如此，職場的實務經驗，不也是經過時間的淬鍊累積而成？

學用的落差在於，「學術理論」與當事人的「實務理論」無法契合，我最常聽到同事與學生的反應，通常是：「學校教的理論不切實際。」顯然如前段所述，無法立即解決實務問題的理論，就會淪為「讀書無用論」的藉口。

其實學要能致用，必須瞭解到知識的累積，是一種歷程，而不是片段，而理論也不是所有實務的總和。因此，不能過度期待任何一種理論，就能解決實務上千變萬化的複雜問題，我常喜歡跟學生分享說：「理論就只是理論，它不是神。」再說發明理論的人，也未必就能將理論運用的出神入化。《今週刊》2012年12月6日第883期報導：

哈佛策略教授麥可‧波特（Michael Porter）創立的顧問公司Monitor十一月申請破產，在管理學界引起洶湧大浪。因為波特正是過去三十年的策略大師，如果他的公司都經營不善，又要我們怎麼相信他所提出的管理學理論？因此，波特最有名的「五力分析」最近被拿出來鞭屍，而長期發表波特論文的《哈佛商業評論》，甚至哈佛商學院都被拖下水……。

司徒達賢教授在這一期《今周刊》，寫的文章標題是：

「破產的是大師，不是理論！」我個人非常的推崇這一篇文章，並且經常鼓勵同學不僅是看，更要收藏，我經常跟學生與同事分享這個案例：「這個就是解釋學用落差的最佳案例！」

理論能否學以致用，取決於當事人能否融會貫通。舉例來說，據維基百科記載，魔術方塊是1974年由匈牙利建築學教授同雕塑家魯比克（Ern Rubik）所發明，然而，魔術方塊的紀錄保持人，據大紀元網路新聞報導，卻是澳洲墨爾本22歲的菲利克斯‧曾姆丹格斯（Feliks Zemdegs）在2018年5月刷新了自己速解三階魔術方塊的世界紀錄，將時間縮短至僅僅4.22秒。試想這位22歲的年輕人花了多少時間來練習，相信讀者們自己買一個來體驗一下就知道。

「學用合一」的境界

想要縮短學用之間的距離，透過在職進修是最根本的解決之道。原因其實很簡單，那就是理論的應用，是必須因時制宜、因地制宜、因人制宜，來進行動態調整，而非一成不變地「套框框」。所以說，過於死板的應用理論，簡化了理論的影響層面，以至於與實務格格不入，甚至與現實社會

脫節。而在職進修的好處，就像是行動研究，當事人同時在學術領域與實務領域之間往返，心態上較能隨時調整，既有的框架或思維，不至於拘泥理論，也不至於一味依賴實務，再經過長期的嘗試與歷練，自然就可以造就出學用合一的境界。

對於學用合一我最欽佩的人，當屬國立高雄科技大學國際長黃義俊博士，黃教授授課時，除了能夠巧妙地引用理論視角外，從理論的主要論述要點，到當時候的時代背景，從理論導入企業時的反應，到後來如何轉變，後來在實務界造成什麼影響，鉅細靡遺地詳細解說，因此，黃教授的課，幾乎是頂尖學生的必修課程。另外，值得一提的是黃教授歸納重點的功力，在高科大號稱一絕，這也是我的學習目標，他總是能夠在很短的時間，將大家的重點歸納起來，然後畫出一張圖或是一張表來陳述重點並做出結論，我覺得這就是管理的最高境界：「化繁為簡，以簡馭繁。意指先將很複雜的事情簡單化，再以簡單的方式解決複雜的問題。」

我的經驗是：「知理論可以縮短學習曲線，懂實務可以增進理論應用。」

我的心得是：「懂學術可以讓技術變藝術，熟技術可以讓學術變招術。」

CH 21
工作就是這麼一回事

　　有一年，全聯福利中心董事長林敏雄先生，在主管年終高峰會時，上台致詞了一段話：「希望在場的分行經理，要能夠照顧好自己的部屬，存款做不好，就讓他去做放款，放款做不好就讓他去跑外勤，總是有一樣做得好，我們公司不缺一副碗筷給員工……。」這段談話我一直放在心上，坦白說，能夠遇見這種老闆，真的是員工很大的福分。然而，並不是每個人都如此好運，雇主百百種，為了一份養家餬口的工作，有多少人離鄉背井，有多少人吃盡苦頭。但是我個人還是覺得，既然選擇當一個上班族，就必須珍惜這一份，雇主給我們的工作與薪水，這是一個最起碼的基本態度，也是我的母親給我的觀念。

工作的目的

　　就像飲食習慣一樣，有人愛吃甜，有人愛吃鹹；工作也

是一樣，有人愛錢，有人愛閒。養家活口，是一般上班族最基本的目的，然而，人之所以是萬物之靈，就在於絕對不止於三餐溫飽這麼簡單。

不可否認，賺錢是絕大多數人，上班的基本動機。對老闆來說，請到一個能夠為自己賺錢的員工，不也是聘請員工的動機與目的？例如我曾經共事過一個新進的女員工，大學才剛畢業，報到的第一天，開了一輛純白色的賓士雙門跑車來報到，就大辣辣地停在銀行門口，還交代保全員要幫她看著。完成報到手續之後，我才發現她的父母親，在我們銀行的存款利息，比她女兒的月薪還要多很多、很多，一問之下才知道，原來她是來「交朋友的」。（父母親希望她在銀行上班，以後論及婚嫁時，名聲比較好。）

職場上的員工百百種，工作的目的也是百百種。管理者若能掌握部屬工作的真正目的，進而投其所好地滿足他的需求。例如將馬斯洛在1943年發表的《人類動機的理論》（A Theory of Human Motivation Psychological Review）一書中提出的五個需要層次理論運用在管理上。我們可以再進一步來看，此一理論的構成是根據3個基本假設：一、人要生存，他的需要能夠影響他的行為。二、只有未滿足的需要能夠影響行為。三、滿足了的需要不能充當激勵工具。據此，回到工

作的目的為何？就像飲食習慣一樣，有人愛吃甜，有人愛吃鹹；工作也是一樣，有人愛錢，有人愛閒。

職場對於在職進修的謬誤

有一些主管不喜歡部屬在職進修，深怕有朝一日會被部屬取代；有一些老闆不喜歡員工在職進修，擔心會分心而影響公務。對此，我要替在職進修的人說句公道話，在職進修的人，基本上就是屬於有上進心的人，這種人具有責任感、韌性強，對於自我要求高。試問老闆，員工自己花錢進修，然後再將所學回饋給公司，反而是為公司提供更高的生產力，請問這些人加薪了嗎？同理可證，試問主管，一個能力強的部屬，若您能妥適運用其長才，不也是為您創造績效，讓您往更高的位置上爬，請問這些人加薪了嗎？

在職進修的人較能理解「理論」與「實務」間之關係，思路也較為客觀且清晰，自然而然，邏輯觀念就較為清楚。舉例來說，在職場上的「幫派」是屢見不鮮的常態，「幫派」二字乍看之下，或許有點譁眾取寵亦或是危言聳聽，卻是存在且不爭的事實。以我所從事的銀行業來說，只要是總經理是來自於某一個銀行，緊接著就會有許多主管空降而

來。「非我族類、其心必異」！在這個行業裏，似乎是走到哪裡都一樣，基本上就是一個常態。其實這個現象很正常，也很合乎常理。因為總經理必須負起全責，理所當然他必須安插他所信任的主管，以確保他的營運策略可以被徹底執行，最後也才能達到預期的目標，這一點不論是理論上或實務上都很合邏輯，對此，在職進修的人似乎比較能夠理解，或者說比較想的通。

在我認識的朋友當中，很多人對此一現象，常常忿忿不平，不論我怎麼解釋，他們都很難接受我的見解。我想換位思考一下，如果你是總經理，你會怎麼做？相信最終也是八九不離十，人之常情不是嗎？

職場避風港

我年輕時，受到力霸東森集團的創辦人王又曾先生與少東王令僑副總經理的提拔，有幸到中華銀行的總行擔任信用卡部經理，那是我有生以來，工作最接近老闆的幾年，可以說每天都跟老闆父子朝夕相處，這段期間也讓我真正體驗到什麼叫「官場文化」。現在想起來，當時各單位之間，勾心鬥角與爾虞我詐的場景，說穿了，最終不也是想在老闆面前

爭寵而已，就像清朝的後宮劇一樣，當時這一幕，每天都在總行的大樓裡重複上演著。

後來中華銀行遭到接管、清算，最後解散，事後有很多集團的員工，在媒體上、網路上罵王又曾父子，我想唯獨我鐘志明不可以也沒有資格罵，因為：「王家父子從未虧待過我，也未曾要求過我做犯法的事。」這句話是我在法院的證人席上，向庭上法官報告的最後一句話。我覺得「做人」應該與「做事」一樣，讀書的目的，不也就是學習聖賢為人處事的道理嗎？事實上是知易行難。

其實職場起伏是很正常的一件事，持續在職進修的好處，可以讓你轉移注意力。工作不順心時，可以將心思轉移到學術研究，一來不會浪費時間，二來不會讓你想太多，越想越負面，最後變成鑽牛角尖。因此，在職進修除了可依讓我們求取知識，某一個程度也有一種「職場避風港」的功能在。

對於工作的人生體悟：職場十要

過去曾經聽一位租賃公司的業務員說過：「放款的客戶是不會告訴我們實話的，所以騙客戶說我們的利息很便

宜，也是剛好而已！」這句話我曾經思索很久，有一天終於想通了，於是我開始開門見山地告訴客戶：「銀行是最現實的行業，因為我們放款的錢，不只是我們的資本額，有很大一部分，是存款人的血汗錢，所以我們不得不現實，請您見諒。」十個客戶當中，有十個客戶都表示能夠諒解。

試想如果人與人之間，只存在一個「騙」字，那麼活在人世間還有什麼意義可言？放大來看，「職場」不僅僅是日常工作的地方，其實也是磨練人生的一座「道場」。能夠從職場中體會出人生的道理，會讓你在工作之中尋得樂趣，甚至可以利用職權來幫助客戶、成就部屬、榮耀長官，最後滿足自己心靈上的成就感，何樂不為呢？

擔任主管也好，擔任部屬也罷，不論你是什麼職位，每個人都是只是在扮演一個角色，而這個角色必須對得起，自己所領的那一份薪水，領越多責任越重。如同我的老長官林乾宗副總經理經常提醒我們的一句話：「領人的薪水就要做人代誌，要對得起這份薪水、對得起自己的良心（閩南語）。」也就是當一天和尚，就必須敲好一天鐘。總有一天，當沒有名片的那一天到來，拿掉頭銜與可以欺負人的權力之後，回頭來看，工作不就只是這麼一回事。

反思我在銀行業工作20餘年，體會出以下的「職場十

要」供讀者參考：

　　一要頭腦靈轉，二要手腳勤勞，
　　三要待人誠信，四要話說技巧，
　　五要心存善念，六要品行良好，
　　七要態度謙遜，八要懂得思考，
　　九要服裝平整，十要禮數周到。

CH 22
領導者做人、管理者做事

著名領導理論大師Warren Bennis曾經說過：「管理者和領導者最大的不同，在於管理者是把事情做對，但領導者則是只做對的事。」這樣子的說法既簡單又貼切，所以說領導與管理是兩件事，對或者是錯？我的答案是沒有對跟錯，而是要看實務者當下所扮演的角色，決定究竟是在做領導，還是管理的工作。所以領導與管理可以分開看，也可以合在一起看，不可否認，在職場上，很多主管必須同時扮演這兩種角色。

領導者做人

領導者重視人群，能夠帶給大家一個希望、一個願景。員工最擔心的是無所適從，所以一位好的領導者，必須懂得如何確保全體員工，都能夠了解公司的價值觀與願景，如此一來，每個員工才能明確完成組織賦予的工作。

例如，台中市知名建設公司，富宇建設公司董事長張清全先生，有一回張董事長邀請銀行界朋友，至金色三麥餐廳喝啤酒，席間有該公司幹部約7～8名，在酒菜尚未上桌前，看見公司的董事長特別助理廖啟忠建築師，發給公司員工一人1張千元現鈔。我好奇的問了張董事長，他說：「這一些都是公司的高階主管，帶他們出來應酬是公事，他不能讓同事在喝完酒後酒駕上路，萬一出事會對不起家屬，所以在喝酒前，先發放公司員工每人一千元計程車資，這是公司行之有年的慣例。」我相當佩服張董事長的為人，難怪公司建案每每都創佳績。

還記得有一次，和張董事長聊到政府是否應該開放外資買賣台灣不動產？我認為政策應該開放，張董事長臉色一沉：「鐘經理，你的想法不對，台灣的土地就這麼一點點，你一旦開放外資進來買，土地的價格一定被炒翻天，你建商不可以貪圖房子好賣，就開放外資來買，你要想想看，一旦房價被炒高了，以後台灣的年輕人怎麼買得起房子？」這兩件事讓我從張董事長身上學到，一個成功的企業家，學歷反而是其次，重要的是要「會做人」，而且更要懂得「做人的道理」，不僅會照顧公司的員工，更具有社會責任的胸懷與遠見。

管理者做事

　　管理者重視方法，能夠帶領大家一邊工作、一邊改善以提高效率。員工最害怕的是傻做白工，也就是閩南語俗話說：「將帥無能，累死三軍！」所以一位好的管理者必須能身先士卒以凝聚士氣，懂策略、會溝通，充分利用有限資源，確保領導者所賦予的目標能順利達成。

　　例如我曾經服務過一家銀行，老闆下達一個指令後，幕僚單位就開始裝模作樣的研議、講習、訓練，然後就訂定出目標，開始辦分組競賽，緊接在公司信箱每日跑戰報（排名與達成率報表），然後總經理主持業務會議，詢問各單位遭遇到什麼困難？需要總行什麼協助？開完會後蒐集了資訊就沒了音訊，然後，活動結束，開個檢討會，達成率低的單位主管上台報告，全劇終。這就是某銀行的職場真實寫照，說穿了，大家只是在演戲。可以想見這個銀行就是一事無成，毫無效能與效率可言，而這些數據直接就反映在其經營績效上，最後銀行倒掉了。

　　這個例子讓我感觸很深，也很難過，一位好的領導者，若無法獲得一位或一群好的管理者相助，到頭來一切都是枉然。就如同是領導者，好不容易捉到一條活蹦亂跳的新鮮鯉

魚，交給一個廚藝不佳的廚師，不但亂放調味料，更糟的是連魚都給燒焦了，結果眾人掩鼻無人動筷，白白的浪費了這條魚。我常常喜歡在課堂上，把管理者比喻成廚師，一位厲害的廚師可以將剩菜、剩飯煮成「山珍海味粥」，而一位差勁的廚師，就算給他再好的食材，到最後也只能造就出一鍋餿水。

不論是領導或管理，重點在於「用人」

我的經驗是「領導者重視人群，所以追隨者很重要；管理者重視方法，所以執行者很重要。」也就是說，不論是領導者或是管理者，用人是關乎成敗的最重要因素。用對人，可以發揮橫向聯繫功能，提振組織士氣，排除業務障礙，讓所有員工可以依其所能一展長才。用錯人，遇事推諉搪塞，士氣一蹶不振，未戰先衰，究責時，上下交相指責，實在令人感慨。

好的領導者也必須有好的管理者搭配，才能確保願景能被實現，然而，現實是因為人情世故的緣故，好的領導者卻未必能找到好的管理者，抑或是好的管理者遇不上有遠見的領導者，根本無法一展長才。我還曾經遇過董事長結合市場

派金主，大戰公司派總經理的景象，一陣短兵相接後，該公司的客戶數與訂單頓時大減，員工離職率大增，這些掌權者完全不考慮公司受傷害的後果，也不管員工的死活，因為在他們的眼中，爭奪權力才是重點，最後連往來的銀行也看不下去，不得不抽銀根。

不論是領導者也好，管理者也罷，能夠跟部屬一起榮辱與共的人，最後才能獲得支持。依我過去20餘年在民營銀行的任職經驗，一項得不到絕大多數員工的支持的政策，最後都是草草收場，這個現象到目前為止，都尚未改變。

領導與管理的界線

不論是領導者或是管理者，一旦用人時扯上「私心」，那麼再美好的願景也終將破滅，再完美的執行計畫也派不上用場。因為組織中，大家都瞪大雙眼在看，其實組織當中，什麼人是什麼貨色，其實基層員工都知道，神奇的是唯獨高階主管不知道，也因此，不適任的人事安排，往往影響到組織的效能與效率。然而，領導者與管理者各有所需，在各自不同需求的情況下，對於人力的規畫自然也就不同，領導者如何克服與管理者之間責任的劃分，其實是相當棘手的問

題。

　一個負責做人，一個負責做事，這兩個人若能契合，則組織前景不可限量，若是兩人步調不同甚至各懷鬼胎，那麼越俎代庖的事情一定會越來越常見，緊接著衝突四起禍起蕭牆，組織肯定是分崩離析，經營團隊必定改朝換代。以民營銀行來說，不論你是領導者或是管理者，都未必是真正的「老闆」。我的實務經驗是：「領導談願景，未來一定看得到；管理講績效，我現在馬上就要。」

CH 23
沒有好壞之分的選擇

　　選擇「大學」或「技職」體系，沒有好跟不好，說穿了只是取捨。選擇「正式學制」或「在職進修」，也沒有好跟不好之分，有一大部分因素，是取決於家庭的經濟狀況。由於我周邊的同學都是在職生，彼此一問，家境頂多是小康，對我們來說，經濟壓力是主要的來源。所以當我在念二專夜間部的時候，我就已經充分體會到「金錢雖非萬能，但是沒有錢是萬萬不能」這句話。因此，選擇就讀夜間部，成了不得不的選擇，然而，我要說的是，如果當時我選擇不繼續升學，那麼今天我的人生終點，可能就要完全改觀了，這也是一種選擇。

選擇是「相對的」不是「絕對的」

　　我想跟大家分享兩個真人實事的小故事。
　　第一則故事是家中獨子念職校（高工），畢業之後到都

市的機車行當學徒，幾年後學成手藝，決定回到鄉下，在家裡做起機車行的小生意，幾年下來賺了一些錢，買了店面，娶了個外籍新娘生了3個小孩，父母親加上老婆幫忙顧店顧小孩，一家7口和樂融融，簡單過日子，現在大兒子也開始繼承衣缽，這是一個銀行附近的機車行，這家人是我的客戶。

　　第二個故事是家中獨子從小功課優異，從建中、台大，一路唸到研究所，再前往美國深造取得博士學位，畢業後留在美國矽谷發展，娶了美國人，2個人都在著名的跨國企業任職，結婚前，事先聲明不生小孩，2年後離婚收場，男方繼續留在美國發展，父母親均已高齡80歲，兩老在台灣獨自生活，這是他們親口抱怨給我聽的內容，一位是退休醫生，一位是高中老師退休，兩人身家資產超過新台幣3億元，這對老夫妻也是我銀行的客戶。

　　或許這是兩個極端的故事，可是卻是真人真事，發生在我的身邊，有人說：「千金難買早知道，萬般無奈想不到。」說穿了，這也是一種選擇。這個例子我經常用來，說給跟我抱怨小孩不愛念書的父母親聽。

不得不的選擇

在每個人的成長過程中，每個人都會經歷許多選擇。例如要讀什麼學校？選什麼科系？到頭來你會發現，其實重點是你的入學成績考幾分。因此，有一些選擇並非你自己可以主導，但是千萬別灰心，未來確實就是掌握在自己的手上。

當你遇上不得不的選擇時，改變一下自己的心態，盤算一下你有多少選擇，找一個你有興趣的面向，例如有的人對於「手機」有興趣，就先去當學徒，學習如何維修手機，等你功夫學札實了，有朝一日，開店做生意，如果你夠努力，再來分店就會一家一家的開，這時候再回頭來在職進修，學管理、行銷、財務……等等，不也是很好嗎？

在台灣，在職進修其實相當的方便，門檻也不高，只要你願意，上網路查一下，你會發現選擇非常多。出了社會之後你會發現，當自己具備經濟能力後，不得不的選擇會變得越來越少，你對於自己的主導權，也會越來越高。此時，我的建議是：「把握時間吧！我的朋友，重新進入校園，拿起課本，你的生命會變得更加不同。」

關於職場選擇的經驗談

我的經驗與建議如下。

首先，千萬不要浪費時間。尤其是：「明年再說！」這句話，通常用來逃避、搪塞或是敷衍。一旦下定決心就要立即行動，可以讓你節省許多時間。例如我最常遇見的例子，學生詢問報考進修學院或研究所事宜，如果是已經過了報考時間，我就會建議他（她）們先去報名「學分班」，或是申請「隨班附讀」，等來年考上正式學制後，屆時透過「抵學分」的方式，一來可以減少所需的學分數，二來也可以避免浪費時間。但是，偶而還是會遇見同學的反應：「好，那我明年再來報考。」這種人通常就不會來了。

其次，盡可能專注在同一領域。職場是很現實且殘酷的，我舉一個實例，我有一個朋友叫丁丁，他出社會的時候，進入租賃公司擔任放款業務員的工作，由於夠認真且能力強，幾年後升到副理。在一個偶然的機會下，丁丁的能力獲得某銀行經理的賞賜，打算延攬他轉戰銀行，當時丁丁在租賃公司的月薪已經5～6萬，然而，銀行的人力資源部門堅持，租賃公司的年資不能與銀行相提並論（意指租賃公司就是矮一截），因此，硬生生地將月薪砍到4萬多。這件事

提醒我，有些職場霸凌是看不見的，最諷刺的竟然還是發生在，主管職場霸凌的人力資源部門上。事實上，通常能在租賃公司存活5年以上的業務員，業務能力強過太多銀行員，這件事在放款的市場上誰不知道？偏偏總行人力資源部門就不知道，難怪人才就擦身而過了。我的好朋友華泰銀行前台南分行經理洪建雄先生，就是租賃公司出身，表現優異做人成功，與他共事過的人，不論是長官或員工，都會豎起大拇指來評論他，而他最常被人開的玩笑就是：「銀行經理畢業於國立成功大學電機系，而且還具備消防技師執照。」

　　最後，記得要持之以恆。一項技能或一份工作，都必須要經歷一段時間的淬鍊，所以必須要耐心學習與投入，就如同我的老長官，富邦銀行郭維政處長所說的：「要投入才會深入，要付出才會傑出！」在職場上，很喜歡用「熟能生巧」這句話來勉勵「生手」（新人），經過我多年的職場心得，想要成為「熟手」，就必須要持之以恆地把基本功練好，日復一日，不貪心不躁進，總有一天必定會成為職場上的「巧手」。

過來人的選擇

選擇在職進修這條路，不但讓我在職場上保有競爭力，更改變了我的人生。在「學術界」與「實務界」裡，讓我不斷思索與嘗試縮短兩者之間的落差，包括社會上對於「科技大學」不如「大學」的刻板印象，還有「先升學、後就業」，這種傳統上對於教育的認知。

我是一個很典型的實例，沒有優渥的經濟條件，沒有雄厚的家族背景，就是一步一腳印，半工半讀，爬到終點。我想大部分的父母親，如果有1個像我這樣的兒子，有高學歷，穩定的工作，優渥的薪水，還有1個乖巧賢慧的媳婦，外加3個孫子（2男1女），2輛汽車（1輛跑車、1輛休旅車）、1棟透天厝，1塊農田（我老媽專用，專門種些有的沒的！）、沒有負債。每天可以回家一起吃晚飯，假日可以一起出去玩，那麼選擇技職體系的學校，用半工半讀的方式，來完成學業，不讓父母心操心，或許也是一個不錯的選擇。

最後我想說的是，一旦決定選擇之後，就必須要全力以赴，因為每個人都必須為自己的選擇負責，而選擇也是必須付出代價的，畢竟職場不是學校，沒有老闆會同情你，會給你無數次的機會學習或重來，因為這些錢都是公司的成本。

我的經驗是，面對問題或是困難時，千萬不要害怕，要勇於面對挑戰，我發現每個挑戰的背後，都是一次寶貴的學習經驗與成長機會，就像重力訓練一樣，重點就在於你能不能把握，這一些能夠讓自己成長的機會。

我的體會是：「選擇沒有好壞之分，計畫確有優劣之別。」

CH 24
天道酬勤

　　有人說，勤奮是人的一種天性，也是人的一種稟賦。筆者個人淺見，當今的社會上，人類品質的分布，大體上，應該也是呈常態分配，扣掉優秀的與不優秀的，剩下來的絕大多數是「普通人」。那麼在這麼多普通人當中，想要出人頭地、出類拔萃，究竟要怎麼做？有什麼方法？於是我們老祖宗的經驗留給我們一個「勤」字。所以有一句俗話說：「天下無難事，只怕有心人。」而在職進修的人，十個有八個具有勤勞的特徵，否則誰願意浪費休息時間，來學校耗時間。

歷久不衰的美德──「勤」字才是王道

　　「天道酬勤」的意思，是老天爺會給勤勞的人，相對的賞賜與報酬；也就是說如果你夠努力的話，總有一天會獲得上天的回報。最耳熟能詳，莫過於「曾國藩與賦」的故事，最後成為中國歷史上，極有成就大人物的故事。

「勤」就是盡心盡力，就是兢兢業業。從小到大，不論父母或是師長，有太多的訊息告訴我們勤勞的重要性。然而，事實上，卻是半途而廢者眾，我的體會是很多人「寧願費心找捷徑，不願一步一腳印」。反過來說，如果我們可以養成一步一腳印的做事習慣，那麼將來出人頭地的機會，肯定會比較高。

　　選擇在職進修的好處之一，就在於可以培養我們勤勞的好習慣。舉例來說，準備期中與期末考的過程，就是一個很好的鍛鍊方式，考試得幾分是其次，在職生一邊上班，一邊還要準備考試，由這個過程可感受到，專心讀書時，時間過得特別快的道理，一下子就過了一個鐘頭，所以必須設鬧鐘早起讀書。一旦習慣了之後，自然就會坐得住且坐得久，我發現讀書是相當花時間的一件事，坐下來沒有1－2個小時以上，成效有限。

成功需要的是努力；勤勞需要的是毅力

　　「一分耕耘，一分收穫。」一句大家再也熟悉不過的話，但是說來容易做時難。想要成功的人，唯有透過不斷的努力，雖說天賦或是背景有加分作用，但是欠缺了努力這一

項主要因素，潛能將無法被啟發。

　　我發現把上述這句話用在「跑業務」這件事上，非常的貼切。跑業務的基本功就是要勤勞與努力。例如我的老長官富邦銀行郭維政處長，就是一位公認勤勞又努力的業務高手。當我還在他手下擔任襄理的時候，他凡事總是身先士卒而且相當投入，最重要的是他經常會思考，如何改變現狀來提高效率，或許可能他是企管碩士的背景，但是不可否認，二十年來他一點都沒變，一樣早出晚歸，全心全力在工作崗位上，這種毅力不是一般人能夠做得到。

　　所以說勤勞需要毅力才能持之以恆，能夠堅持到最後一刻，才有辦法成就最後的大局，若是未能持之以恆而半途而廢，哪怕是只差一步就能抵達終點，也是功虧一簣。

衝破出隧道前的黑暗

　　當你接近成功的時候，眼紅你的人、忌妒你的人，甚至是看你不爽的人，都將傾巢而出，開始會給你畢業前的測試。就像是釋迦摩尼佛入定成道，最後不也是通過群魔的試煉，最後方能了脫生死，證得正覺涅槃。

　　過去我的職場生涯，也遭遇過數次黑函的攻擊，幸運

地受到老闆與主管們的信任，而絲毫未損。現在想起來，其實也是人之常情，因為你的光芒將會遮掉他們的光彩，所以他們理所當然會產生反感。我的經驗是面對這些人，不妨以開闊的胸襟坦然以對，只要自己行得正，持續努力耕耘，把分內的事做好，把這些磨難與挑戰，當成是成功前的最終試煉，唐三藏師徒西天取經，不也是歷經九九八十一難？所以我的經驗是：「機關算盡貪嗔癡，心胸開闊真善美。」

　　若是你為了公事而被寫黑函，而你的長官或老闆，沒有那個智慧保護你，你也可以藉此認清這些人，肯定不好老闆或是好長官，那麼也不用客氣，早早離開那個是非之地吧！不需要在那種地方浪費自己的青春。

天公真的是疼憨人（閩南語）

　　在職場上很許人深信「多做多錯，不做不錯」，卻忽略掉我常說的：「不做，學不到經驗；不錯，沒辦法成長。」到頭來，誰笨誰聰明還不知道呢？我二十餘年來的職場經驗是：「傻子扛責眾人笑，傻福臨門悄悄到。」試想誰會到處去炫耀，自己的年終獎金多領了好幾個月？就像是威力彩或者是大樂透頭獎的得主，至今沒人見過一樣。

在我的職場生涯中，從未拒絕過長官交付的任務，包括外派台北、金門、彰化、台中，而調回故鄉高雄地區服務的日子，相對少之又少。我知道長官逼不得已才會來拜託我，因為大家都想離家近。而且外派之他鄉，沒地緣沒人脈，就連員工也不認識，想要把事做好談何容易。我個人認為，上班族如果只知道計較個人的得失，最終失去的肯定會比較多。為何俗話說「天公疼憨人（閩南語）」？因為不計較得失的人會比較豁達，別人不做我來做，這個機會不就在我手上了？所以說不計較得失的人反而獲得更多。話又說回來，老闆或是長官請你幫忙，那麼這個人情不就欠定了？只是「何時」還你而已，就像是同仁間的玩笑話：「出來混，早晚要還的！」

所以越是沒人願意接的任務，長官就越會來拜託我，我就獲得更多學習與表現的機會，能見度就會比其他人高，只要稍微有一點突出的表現，自然而然，就容易受的長官或老闆的關注與賞賜。道理很簡單，就是如此而已。

所以我的領悟是：「是非善惡終有報，凡事不用太計較，吃虧就是占便宜，最後一刻方知曉。」

CH Final
終章　人生下半場的反思

　　職場占去我最精華的人生，犧牲家庭、健康與寶貴的光陰，為的是一份養家活口的薪水，以及一份來自於別人崇拜眼光中，該死的成就感與自我優越感，以現在年輕人的語言叫：「刷存在感！」人隨著年齡的增長，總是會想得更多、更深、也更廣，我把它稱為對於人生的反思，回想起這五十年來的點點滴滴，我做錯的事，說錯的話，傷害的人，怎麼就是想不起來曾經做過哪些好事。

五十歲時的反思

　　如果將人生比喻成享用一個雞腿便當，有人喜歡先吃雞腿後吃白飯，有人喜歡先吃白飯後吃雞腿，我則偏好邊咬雞腿邊吃白飯。喜歡先吃雞腿的人認為可以先品嘗到雞腿的美味，喜歡先吃白飯的人認為，應該將最好的留到最後來品嘗。我則認為若將雞腿比喻成人生的甘，將白飯比喻成人生

的苦，人生若是能在苦中作樂，反倒能吃出無窮的體會與樂趣。因此，我對於人生上半場的體悟是：

先吃雞腿後白飯，先甘後苦味先嘗；
先吃白飯後雞腿，先苦後甘飽後滿。
一口雞腿一口飯，苦中做甘樂未央；
若以人生喻便當，不過就是吃頓飯。

一個重新計算的人生目標

我覺得「訂定目標」這件事很重要，因為有了一個明確的目標，會讓你無時不刻地想著如何達成目標，例如準備證照考試，越接近考試日期，你就會不自覺地利用所有剩餘的時間看書，完全不會浪費時間，何來的無聊？因此，只要我家的三隻小豬說：「好無聊喔！」我就會回應她說：「不然我們來打小孩好了！」他們就會乖乖去念書。

50歲以後，我的目標，應該是「健康的身體」與「美滿的家庭」，飲食開始越來越清淡，減「脂」與減「醣」，成為我現階段的目標，如何將「體脂肪」降到15以下，是我現階段的挑戰，雖說活到這把年紀已經是身經百戰了，但是面

對此一艱難的目標，還是不免戰戰兢兢。

此時此刻，我人生的上半生最後一個目標，也是「60歲以後不再為老闆工作」。我下半生的第一個目標，我想要：「靠寫作過日子，要盡可能地去幫助別人。」如果每個人都可以活到80歲，那麼我已經花掉一半的時光，我要重新起算，我另外一個階段的人生目標。

靜心第一，利他為上

「靜心第一，利他為上。」這句話是我最喜歡的座右銘，出自佛教高僧印順導師的名言。我最近經常反思，一個五十歲的男人還需要什麼？時常從媒體上，看見桃色風暴，許多老男人臨老入花叢，最後晚節不保；看見貪贓枉法，許多高官貪財收取賄賂，最後身陷囹圄；看見血氣方剛，許多人無法克制脾氣，最後兩敗俱傷；看見酗酒鬧事，有人不勝酒力糗態百出，酒醒後悔莫及。

人是一種很奇怪的動物，經常在出事嚐到教訓後，才會後悔與懊惱。難道就學不到教訓嗎？西方諺語有云：「人類從歷史上學到的教訓，就是人類從歷史上學不到任何教訓。」我認為要解決這個問題，可以多多去閱讀「正信宗

教」的書籍，有助於淨化我們的心靈，讓我們懂得去思考生命的意義。由於我個人偏好佛教經典、儒家四書五經與諸子百家，因此，經常喜歡在閱讀後，花點時間思考，並將心得與感想，寫首打油詩或是以一句話來表達，事後來看這些註記，有時也是一種樂趣與感觸。

我經常喜歡與學生分享，我個人認為「讀書與思考」的目的，無非是希望能夠幫助我們的人生都可以過得更美好。因此，我覺得必須從中找出，屬於自己的目標、方向與原則，才不至於腦袋空空如也，就如同我的恩師李慶芳主任，經常提醒我的一句話：「那志明說呢？（意指你自己的看法是什麼？）」於是我自己也寫了一段座右銘來勉勵自己：「律己點滴不可少，待人餘地留三分。」

沒有名片與頭銜的日子

沒有工作之後的日子，總有一天會到來，我想若是能事先規劃好，那麼屆時才能無縫接軌，因此，事先規劃退休這檔事，應該是上班族必須要思考的一件人生大事。一旦退休後，經濟來源必須有穩定的金流，接著新的人生目標，必須重新開始，興趣與嗜好必須啟動。

退休是職場的終點，沒有頭銜與名片之後，代表職場的責任已了。我希望退休之後的我，可以多陪我的母親與太太，上半輩子是這兩個女人幫我擔待這個家，下半輩子希望我能還她們婆媳倆一些。每每想起因為工作輪調，那種離鄉背井的煎熬，當工作與家庭無法兼顧時，那種不知如何是好的舉措，長久累積成一種無形的虧欠，期待著退休之後的時間來償還。

現在的我已經五子登科（房子、車子、金子、妻子、孩子俱全），這才發現，年紀越大吃得越少（吃不下了），年紀越大開銷越少（沒地方花了），年紀越大越自由（束縛少了），年紀越大心煩的事越少（看開了），無法助人的藉口少了，因為時間多了、經歷多了、資源多了，應該要能夠努力幫助更多人，再也沒有理由可以獨善其身了。

在我認識的人當中，我覺得可以稱得上是「善人」，非老同事兼好友華泰銀行高雄分行李金信副理莫屬。阿信長年茹素，在王爺的轎班擔任義工，我從未見過他發脾氣或半點不耐，他為人心地善良從不與人爭執，總是默默地做事情，只要是沒人要做的事，他總是撿起來做，也不曾有過半點怨言，因此，我把阿信當成我做人的學習目標。

後記

我寫這本書的目的，並不是鼓勵大家一定要選擇這一條路（包括我的三個小孩），想跟已經選擇技職體系這條路的同學，以下望子成龍望女成鳳的父母親，分享我的親身經歷。不管你唸的是國立學校還是私立學校，不是有名氣的學校，或是默默無名的學校，重絕對不會是學校的名稱，而是你自己的努力本事。「從平凡的環境中，展現出不平凡的自己。」是我給自己的期許。或許過程中遭遇種種的困難，或許所處的環境無法盡如人意，但是千萬不要看輕自己，只要懂得設定目標，找到一個適合自己的方法，最後持之以恆全力以赴，必定可以活出自己精彩的人生。

半生奔波計較忙追求，
功名利祿轉眼瞬間休；
今日茅塞頓開始覺悟，
原來鏡中之我還是我。

~～ 五十歲有感 ～~

後記

　　我寫這本書的目的，並不是鼓勵大家，一定要選擇這一條路（包括我的三個小孩），而是想跟已經選擇技職體系這條路的同學，以及天下望子成龍望女成鳳的父母親，分享我的親身經歷。不管你唸的是國立學校還是私立學校，不論是有名氣的學校，或是默默無名的學校，重點絕對不會是學校的名稱，而是你自己的努力與本事。「從平凡的環境中，展現出不平凡的自己。」是我給自己的期許。或許過程中遭遇種種的困難，或許所處的環境無法盡如人意，但是千萬不要看輕自己，只要懂得設定目標，找到一個適合自己的方法，最後持之以恆全力以赴，必定可以活出自己精彩的人生。

半生奔波計較忙追求，
功名利祿轉眼瞬間休；
今日茅塞頓開始覺悟，
原來鏡中之我還是我。

～～ 五十歲有感 ～～

國家圖書館出版品預行編目資料

贏在人生終點：選擇在職進修，走一條風景不同
的人生道路／鐘志明著. --初版.--臺中市：白象
文化，2020.4
　　面；　公分
ISBN 978-986-358-961-7（平裝）
1.生涯規劃 2.在職進修
192.1　　　　　　　　　　　　109000119

贏在人生終點：
選擇在職進修，走一條風景不同的人生道路

作　　者	鐘志明
校　　對	鐘志明
專案主編	林孟侃
出版編印	吳適意、林榮威、林孟侃、陳逸儒、黃麗穎
設計創意	張禮南、何佳諠
經銷推廣	李莉吟、莊博亞、劉育姍、李如玉
經紀企劃	張輝潭、洪怡欣、徐錦淳、黃姿虹
營運管理	林金郎、曾千熏
發 行 人	張輝潭

出版發行　白象文化事業有限公司
　　　　　412台中市大里區科技路1號8樓之2（台中軟體園區）
　　　　　出版專線：（04）2496-5995　　傳真：（04）2496-9901
　　　　　401台中市東區和平街228巷44號（經銷部）
　　　　　購書專線：（04）2220-8589　　傳真：（04）2220-8505
印　　刷　基盛印刷工場
初版一刷　2020年4月
定　　價　180元

白象文化　印書小舖　PressStore出版經銷　出版 · 經銷 · 宣傳 · 設計
www·ElephantWhite·com·tw　自費出版的領導者　購書 白象文化生活館